JN126109

価値の創造を考える

2022年度神戸大学V. Schoolの取り組みの軌跡

神戸大学V. School 編

神戸大学出版会

目　次

V. Schoolのこれまで、
そしてこれから

1

V.Schoolのあゆみ

　神戸大学は、「真摯・自由・協同」の精神と「学理と実際の調和」の理念を掲げ、神戸の開放的で国際性に富む文化と共に歩んできた。専門の枠にとどまらず、さまざまな人が集って意見を交換し、真理を追究することで、自由で優しく強い人を、大学を、ひいては社会を育みたいと考えてきた。一方で、これまでの延長線上にはない何かが必要なのではないかと考えはじめていた。本当に専門の枠にとどまらずにさまざまな人が集っているのだろうか、自由に意見を交換し合っているのだろうか、協同して真理を追究しているのだろうか、と問うようになっていた。このような自問を続けている中で、これらの問いは「価値」について問うているのではないかと考えるに至った。大学の価値とは、教育の価値とは、研究の価値とは、私たちの価値とは何なのだろうかという問いに置き換えて、新しい何かを創ろうと考えた。そうして、武田廣前学長のもとで水谷文俊前理事が指揮をとり、2020年4月に神戸大学バリュースクール（略称V.School）が設置された。

　V.Schoolの設置までに非常に多くの議論があった。2019年8月21日に第1回V.School設置準備委員会を開催し、価値創造について教育・研究するところを本格的に創ろうと動き出した。委員会は2020年2月20日までに全7回開催されたが、この間に新型コロナウィルス感染症が大流行し、世界中がこれまでの延長線上にはない事態になった。委員会と同じ時期にV.School設置準備ワーキンググループも設置し、そもそも価値とは何なのか、価値はどのように創造されるのか、どのような教育で価値創造を理解できるのか、といった根源的な問いについての議論が続いた。そしてようやくV.Schoolを「思索と創造のワンダーランド」にしたいということを共有することができた。さまざまな人が集って意見を交換し、議論し、

協同して新しい価値を創り出す場所にしたいと考え、V.School を「教わるのではなく、考え抜く場」「情報ではなく、気づきを得る場」「プランではなく、プロトタイプの場」と位置づけた。また、「価値創造＝価値創発×価値設計」と「価値創造スクエア」と呼んでいる公式・モデルをつくることができた。

　V.School の設置が新型コロナウィルス感染症の流行と重なり、オンラインでサロンや授業を行わざるをえなかったこともあって、V.School ではオンラインでコミュニケーションを取るためのアプリケーションを多く利用している。例えば、学生と教員の情報・意見交換には Slack を使っている。イベントの情報発信だけなく、V.School サロンの感想を共有したり議論の続きをしたり、あるいは、価値創造学生プロジェクトの相談をしたりしている。また、学生と教員のコミュニケーションをサポートする学生グループがある。このグループの学生が積極的に情報を共有したり、交流の場を企画することで、さまざまな学生が集ってくることを促し、学生と教員の距離を縮めてくれている。これからも、専門の枠にとどまらず、さまざまな人が集って意見を交換し、真理を追究することで、自由で優しく強い人を、大学を、ひいては社会を育むことに学生と教員が協同して貢献していきたいと考えている。

2022年度までのあゆみ

2019年
8月21日　第1回V. School設置準備委員会開催
9月11日　眺望館改修学生プロジェクト始動

工学部建築学科・工学研究科建築学専攻の学生
チームが眺望館1階のV. Schoolルームを設計し
た。

完成した眺望館1階の
V. Schoolルーム

2020年
1月22日　初の価値創造サロン開催

六甲台第2キャンパスにあるLANS BOX食堂2
階のカフェテリアで初めて価値創造サロンを開
催した。カフェテリアがいっぱいになるほどの
学生が集まり、10名ほどの教員と対話した。

初めての価値創造
サロンの様子

4月1日　　V. School設置　試行期間開始
　　　　　　國部克彦スクール長就任
4月6日　　看板上掲式

新型コロナウィルス感染症流行のため中止になった。

9月7日　　V. School設立記念式典開催

2021年
3月13日　『価値創造の考え方：期待を満足につなげる
　　　　　ために』刊行
4月　　　価値創造サロンをV. Schoolサロンと改称

3月29日　一周年記念シンポジウム「V.Schoolの価値
　　　　創造教育」開催
8月31日　『価値創造の教育：神戸大学バリュースクー
　　　　ルの挑戦』刊行
12月17日　シンポジウム『価値創造教育で社会を活性化
　　　　する』開催

2022年
4月1日　玉置久スクール長就任
9月2-4日　5th Global Conference on Creating Value開催

　　　　金沢市文化ホールにてCreating Value Allianceと北陸先端科学技術大学院大学と共
　　　　催した。

2023年
3月31日　『価値の創造を考える：2021年度神戸大学
　　　　V.Schoolの取り組みの軌跡』刊行

　　　　『VS Booklet 1　SDGsの時代における価値
　　　　と経済的価値』刊行

V. Schoolの目指すところ

玉置 久・鶴田宏樹

　「思索と創造のワンダーランド」というキャッチフレーズのもと、V. Schoolは、学内外から学生や教職員が集い、多様な価値や価値創造について議論し合い、得られた気づきを教育や研究にフィードバックしていく"場"となることを目指している。教員と学生、教員と教員、学生と学生、大学と地域・社会を『つなぐ』べく、設置してからの3年間でさまざまな試行を行ってきた。この3年間は、残念なことであるが新型コロナウィルス感染症が蔓延し、大学の教育活動もオンラインでの実施を余儀なくされた期間でもあった。このような状況下においても、ZoomやTeams、YouTubeなどのオンライン関連技術を活用しながら、学生や教員、社会人が多様な価値や価値創造について議論する場の在り方を模索してきた。すなわち、いま一度『つなぐ』形を再考し、V. Schoolサロンやカフェ、PBL（Project-Based Learning）、FBL（Field-Based Learning）を基本的に継続しつつも、その実践方法・内容の充実を図っているところである。

　このような取組みや活動に加え、V. Schoolでは、そもそも何を『つなぐ』のか、あるいは『つなぐ』ことによって何を得ようとしているのか、といった基本的な問いを繰り返してきた。『つながり』で受け渡されるものは、そこに参画する人や背景にある社会の期待や満足であり、さまざまな専門知識であろう。期待や満足、知識が共有されることによって、研究者にとっても新鮮な気づきが得られるであろうし、学生にとっても多様な視点・視座があることの理解につながるである。これらはとても重要であるが、単に専門的な知識をラインナップするだけでは十分であるとは言えない。さまざまな知識を有機的に結合し、それぞれの教育や研究にフィードバックすることに対して、V. Schoolが十分な機能を呈しているだろう

か。もちろん議論は継続しているところであるが、ある一定の方向性も導き出されつつある。V.Schoolが、そこに集う教員や学生、社会人に有益な気づきや新たな視点・視座を与えることを目的としているということにブレはないが、さまざまな知識を並べて陳列するための単なる"場"ではなく、これらの知識を混ぜ合わせて新たな気づきや複合的な知識を生み出し、価値あるモノやコトという、いわば"料理"を作る"鍋"としての機能をより充実させる必要があることを再認識するに至った（図1）。

専門的な知識を混ぜ合わせて新しい知を生み出すことや生み出された知そのものは、総合知あるいは統合知と呼ばれている。第6期科学技術・イノベーション基本計画では、"多様な「知」が集い、新たな価値を創出する「知の活力」を生むこと"とも言及されている。V.Schoolでは、設立当初よりこのような方向性を指向し、そこに価値あるいは価値創造を位置付けてきている。しかしながら、このようなスタンスで価値や価値創造を

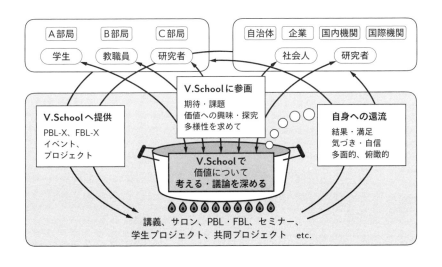

図1　さまざまな人が集まり、価値について考え、議論を深める「鍋」

考え、教育プログラムとして整備・体系化することの難しさを痛感させられているところである。

　ここで、価値創造に資する"鍋"の機能とはどういうものであろうか。例えば、日々のストレスを解消し、リラックスさせてくれる「美味しいワイン」を例にとって考えてみる。美味しいワインを生み出すには、(1)ワインの「美味しさ」を規定する要素、例えばタンニンや糖分の質や量、アルコール濃度、ブドウの品種などを知ることが肝要であろう。しかしながら、それだけでは不十分であり、(2)ワインを飲んだ人間が「美味しい」と感じる状況や要因を知ることも重要である。ワインを飲んでいるときの心理状態や感情、これらと味覚との関係などを知る必要があるかもしれない。また、(3)ビジネス的な観点からすると、いかにして高い評価を得るのかについて考えなければならない。マーケティングや流通などを考慮することも重要となるであろう。このように「美味しいワイン」を生み出すために必要となる知識を得ることは、多様な専門分野に触れることと類似させて捉えることもできる。例えば、かなり大雑把な見方ではあるが、(1)では要素レベルでの仕様（スペック）の策定と充足が問題となり、これはまさに自然科学的研究の範疇であると考えられる。また、(2)の部分は感性や心理など、人そのものを理解しようとする人文科学的研究、(3)はさまざまな人の要望を社会として満足させる社会科学的研究の範疇にあると見做すこともできる。すなわち、「美味しいワイン」の創造においては、少々乱暴な言い方をすれば、高いスペックのワインを製造するだけでは不十分であり、それが人々の満足に結びつくものであり、社会に受容されることが必要となる。このような総合的・俯瞰的な見方が総合知・統合知とも密接に関連するものであり、価値創造においては重要なファクタとなるものである。V.Schoolでは、このような見方・考え方の醸成と涵養を通して、これがまさに"鍋"の機能であるが、価値創造に資する教育を推進するとともに、教育プログラムの体系化に繋げていきたい。

　ところで、未来社会の構築に貢献する人材あるいは新しい学術分野を切

り拓く卓越した研究者の輩出という観点からしても、価値の創造という見方・考え方が極めて重要となる。この点については、V.Schoolにおけるこれまでの取組みや活動を通じて国内外に提示しているところである。一方で、V.Schoolのミッションには、神戸大学そのものの「価値」を高めることも含まれている。そもそも、神戸大学は多様な専門知が生み出される総合大学としての強みを有している。これらの強みを活かしながら、神戸大学の教育・研究・社会貢献活動の「価値」を高めるには、総合知・統合知の活用による価値創造の実践という機能を高めていくことが重要である。この点からしても、V.Schoolが持つ、さまざまな専門知が集まる"場"の機能に加えて、知識が『つながり』、そして混ざり合う"鍋"の機能を拡充していくことが喫緊の課題である。現在の社会トピックスや興味深い研究成果を共有する機能にとどまることなく、社会の中に潜む問題の認識や総合知・統合知の活用の仕方、すなわち価値創造についての方法論の体系化に向けた取組みも肝要である。例えば、「価値創造スクエア」として記述した期待－満足と課題－結果を捉える価値創造の枠組みに、総合知・統合知の見方・考え方を取り込み、価値創造についての新たな概念を導出することが求められる。このような新たな概念に基づき、現実の社会問題に対峙し、さまざまな専門知を解決のための資本とし、社会に満足を与える経験をベースとした「総合知の活用による価値創造」教育体系の確立と体制の整備が、V.Schoolの今後のミッションである。

　学内の教職員や学生、そして学外の方々、企業や自治体、国などと協力・共創しながら、「思索と創造のワンダーランド」であるV.Schoolをブラッシュアップしていきたい。

2022年度の
取り組みの軌跡

第1章

V. School サロン

価値創造教育を考える

鶴田宏樹

登壇者

神田陽治 北陸先端科学技術大学院大学先端科学技術研究科 教授[1]

齊藤滋規 東京工業大学環境・社会理工学院 教授

山内　裕 京都大学経営管理大学院 教授

オーガナイザー

鶴田宏樹 神戸大学 V. School 価値創発部門 部門長・准教授

　最近、大学などで「価値創造教育」という言葉が使われ始めている。神戸大学では2018年に価値創造の教育・研究組織として、バリュースクールを設置した。同じく京都大学や東京工業大学は、文部科学省の価値創造教育拠点として採択され、また、北陸先端科学技術大学院大学（JAIST）では既存専攻の中に価値創造を学ぶためのコースが設置されているように、「価値創造」にフォーカスした教育への注目が集まっている。本サロンでは、それぞれの大学における「価値創造教育」の考え方、教育体系の構築などについて論じることで、「価値創造教育」そのものの重要性とこれからを考えていく。

　まず、京都大学、東京工業大学、JAISTで「価値創造教育」をスタートさせる契機などを知ることで、価値創造教育とは何かについての議論の初端とする。京都大学の価値創造教育の起点となったのは、2012年に設

1　所属などは2022年5月のもの。

置したデザインスクールである。情報学、機械工学、建築学、認知心理学、経営学という領域を横断することで新しいデザイン学を学問として確立してきた。さらに、京都市立芸術大学、京都工芸繊維大学と連携し、デザイン、アート、人文社会学を混ぜ合わせた創造性育成プロジェクト「KYOTO CREATIVE ASSEMBLAGE」の形成に至る。ここでは、新しい世界観を提示することで時代を切り開く人材の育成がミッションとなっている。社会にある潜在ニーズを満たす、言葉では簡単に言えても実際には非常に難しい。これに対して、新しい創造性教育を創り上げて、時代を画するようなイノベーションの創出するためのプロジェクトが「KYOTO CREATIVE ASSEMBLAGE」である。時代を先導し、大きな価値を産み出すためには、緊張感や違和感を伴いながらも、新しい社会へ人々が一歩踏む出せるような「世界観」を作る必要がある。そのために、社会をよく観て表現する人文社会学的視点、別の現実を作って体験することで日常を捉え直すスペキュラスなデザイン、既存の枠組みを宙吊りにし容易な結論づけを妨げるようなアートの実践、それぞれに触れることで、新しい世界観をつくる力を導く教育を展開している。デザインに関していえば、新しい時代を表現し、世界を開示し、人々を外に連れ出すようなデザインが現在求められているのである。これまでのデザイン思考は、「過去・歴史を忘れなさい」、「過去のしがらみをいったん忘れて自由に発想しなさい」というものであるが、そうではなく、「歴史はしっかりと捉え直さなければならない」、その上で「新しい歴史を作るデザインを考えよう」ということが、「KYOTO CREATIVE ASSEMBLAGE」のコンセプトである。

このコンセプトが重要であることを、マクドナルドを例にして説明してみる。マクドナルドはなぜ多くの人を惹きつけているのか。「マクドナルドは時代を画したデザインです。安くてうまいものを提供するという潜在的なニーズを満たしています。」では、説明がつかない。マクドナルドが成功したのは、社会学者のジョージ・リッツァの言葉を借りれば、効率性、計算可能性、予測可能性、コントロール可能性、これらがあれば人

を魅了することができるのではなく、「特徴」あるものが近代においては拡がりを見せるのである。ジョー・L・キンチェローが"The Sign of the Burger"という著書の中でマクドナルド批判を書いている。キンチェローは団塊の世代であり、1960年代後半の激動の時代をティーンエイジャーとして過ごした。彼はアメリカの片田舎の出身で、自然に囲まれ、美しい環境で美味しい料理を母親が作り、家族みんなでお祈りをして食べる、というような前近代的な生活であった。1960年代のアメリカは、貧困や人種差別問題など社会の分裂が鮮明になるとともにライフスタイルが大きく変化する時代であった。古い考えや狭い世界観から大きく変化する中で、「マクドナルド」という新しい時代の象徴を目の当たりにすることで、自分が生まれ育ったものに関する"恥ずかしさ"に向き合うことになり、「マクドナルド」は自分の求めていた近代性の確証というものを提供してくれたというのがこの著書の内容である。1960年代後半にマクドナルドが全米に広まり始めた時に、当時のアメリカ人は大変緊張したと言われている。なぜなら、彼らは新しい時代に足を踏み入れたことを実感したからである。新しい時代への変化は、当然賛否両論を引き起こすこととなる。だからこそマクドナルドはシンボル化し、世界中で好かれ、そして嫌われるのである。新しい価値を生み出し、社会を変えるということはこのようなことであり、価値創造とはこのようなものをデザインすることである。そのデザインは、人間中心であること、ユーザーの潜在的ニーズをつかむ、あるいは問題解決する、そして、綺麗なものやカッコ良いものを作りましょう、だけでは難しい。「マクドナルド」は1つの世界を表現したものであると考えるのならば、自分の生まれ育った文化への愛憎があり、新しい文化に出会う憧れと恐怖がある。自分を証明するという仮定、自己表現になるということ、このようなことをデザインするというコンセプトが必要なのである。

　「KYOTO CREATIVE ASSEMBLAGE」では、潜在的ニーズを満たすことではなく、自己を表現すること、新しい世界観を作る力を導く、これ

を価値創造教育の核としている。具体的には、社会をよく見て、時代を表現する。創造性というものは単に面白いアイデアを思いつくことではなく、社会を見ることにポイントがある。これは、美術系大学教育を例に挙げると、これらの大学では、創造性を高めるために「面白いことを思いつきなさい」というトレーニングをしたりはせず、「よく見なさい」としか指示しないのである。よく見ることで、既存の世界を理解し、従来のイデオロギーに対する違和感を感じるのである。その違和感を捉えて新しいイデオロギーを考え、新しい世界観を表現する。社会を見ることに有効な視点となる学問分野として、人文社会学が重要となる。これらの学問分野は社会を読み解くことを専門としているからである。2015年に騒動となった「文系不要論」は、価値創造教育の文脈では大きな間違いと言え、価値創造教育の重要性が叫ばれている現在では最重要の学問であると考えることもできる。

　東京工業大学の価値創造教育は、大きく分けると工学系学生を対象としたものと社会人を対象にしたプログラムがある。ここでは工学系学生に対する価値創造教育について触れる。これらの教育が生まれた背景には、「なぜ日本では、潜在的ニーズを考慮した技術開発ができないのか」という疑問があった。工学系教育（エンジニア教育）には、工学系教員が実感しているところではあるが、4つに集約される大きな問題があると認識されている。1つ目は、キャリアに対する安定志向が強すぎること、すなわち、スタートアップベンチャーへの否定的な視点が存在することである。ここ数年の世の中では経済活性化に対するスタートアップへの期待が高まっていることもあり、風向きが変わってきているが、ほんの数年前までは、特にエンジニア分野では岩盤のような安定志向があったのである。2つ目は、人への共感が苦手なことである。エンジニア教育には設計教育というものが昔から存在し、「ユーザーのことを考えましょう」という視点は当然あるのだが、教育的に踏み込んだものではなく、「人間とは、結局のところシステムと同様であり、入力があって出力があって、その中の

ブラックボックスが多少複雑なシステムであるだけである」という、少し歪んだ人間観に基づいたものになっている。3つ目は、専門性への妄信が強いことがある。「専門性が大事！」、その通りである。しかし、エンジニア教育では、この言葉は「専門性さえ持っていれば、他は知らなくとも良い」というニュアンスを含んでしまう場合もある。4つ目の問題は、マーケットへの理解が不足していることである。マーケットというより、人間社会への洞察が不足しているといった方がうまく表現できているかもしれないが、会社で言えば、営業活動に対する軽視といったところであろうか。モノを作っているエンジニアからすると「営業なんて価値を生み出さない」という間違った意識がある。

　エンジニア教育をなんとかしたい、この想いから、"デザイン思考"をエンジニア教育に取り入れるということに繋がったのである。誤解のないように触れておくと、"デザイン思考"が盲信的に素晴らしく「デザイン思考万歳」ということを伝えたいわけではない。しかし、従来のエンジニア教育に欠けていたピースを埋めるには重要なものであるとは強く認識している。デザイン思考は、共感、問題定義、アイデア創出、プロトタイピ

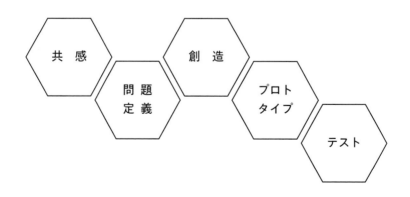

図1　デザイン思考の5つのステップ

ング、テストという5つのステップで表現される（図1）。この5つのステップを行うと自動販売機的に"イノベーション"が起こるという誤解が世の中に広まっていることから、最近では、"デザイン思考"を世に広めたスタンフォード大学d.schoolでも、5つのステップでの表現をあまり使わなくなってきたようであるが、基本的な考え方として非常に理解しやすいものである。

　東京工業大学の「エンジニアリングデザイン」プログラムは、デザイン思考の"型"を単に行うのではなく、実際に自分達が社会に出たときにどのようにユーザーに共感して問題に立ち向かい、解決策を社会に問うことを目的としたものである。東京工業大学の教員と学生、美術系大学の学生で協力しながら、約5ヶ月の間、パートナー企業が抱える実際の問題の解決に取り組んでいく。「エンジニアリングデザイン」プログラムはエンジニアのポテンシャルを解放する。「まず、技術ありき」というバイアスを捨て、"デザイン思考"で直感と論理を駆使してリアルな現実に対峙する。参加している美術系大学の学生への教育効果としては、エンジニアの考え方を理解することで、作品というレベル感から設計・サービスへの理解を得ることでデザイナーの可能性を拡張する。工学系学生にせよ、美術系学生にせよ、提案する価値が最終的にどのような世界を作っていくのかまで考えられるようになってほしいこと、そこに必要なのは直感と論理であることを、このプログラムでは伝えている。ただ、「面白い」「カッコ良い」という「直感」だけで、世の中に大きな影響を与えるものを作ることは非常に難しい。何らかの組織やシステムを動かす必要がある。ここで求められるのが「論理」である。

　では、実際にどのようなテーマでプログラムが進められているかについて、2021年度プログラムの事例を紹介する。例えば、災害と日常が隣り合う未来で、「災害に備えない」、わざわざ備えるぞと身構えない製品体験をデザインせよというテーマで学生たちは、問題設定から提供価値を考え、解決策を社会に問う。学生が「ひーたんす」と名付けたプロダクトは、

日常でも災害時でも、周囲の目や不審者などを気にせず安心して下着を干せるように設計されている。洋服モジュールとヒーターモジュールがあり、ヒーターモジュールは裏返しにすることができる。普段は外向きに温風を当てることで、普通のヒーターとして使うが、何かの物を乾かしたい、しかもそれをセキュアに乾かしたいというときには、ヒーターモジュールを回転させてモードを変えて内部で乾燥させる。日常では風呂場に置くようなヒーターである。避難所に行ったときに実際に起きていたことをしっかりと調べるとかなり多くの人が下着を干す場所に困っていた、あるいは実際に盗まれていたという体験が多いという問題設定から生まれたプロダクトである。これは一例でしかないが、このようなプログラムで、エンジニア教育の4つの問題が解決されたのかといえば、簡単には解決するものではないので、どのような傾向が少しでも表れてきたのかという問いに変えて考えてみる。その答えとしては、学生のキャリアに対する安定志向に少し変化が現れた。「ベンチャー企業に行くことも視野に入れたい」という声をよく聞くようになった。本当にベンチャーに直接行く人はそんなには多くはないが、将来について語っている内容に変化が見られたのである。他人への共感についても、そもそも共感は難しく、「共感できるようになりました」と言えばおそらくそれは嘘であろうが、共感の重要性と難しさはよく分かったという声を聞くようになった。また、「自分の専門性だけでは明らかに世の中を変えていくには不十分だと分かった」であったり、「顧客を捕まえて初めて価値となることが理解できた」などの声を聞くと、価値創造教育というものが、これまで違和感を抱かれてきた従来のエンジニア教育に新しい視点を与えるものであると考えても良いだろう。もちろん、価値創造教育についての一般的な定義・手法はない。しかし、大切なのは、心の中でいつも「あなたの技術や研究を『受け取る人は誰ですか？』」、そして「あなたの技術や研究はその人を『どのように幸せにしますか？』」ということを問うことであろう。この問いそのものを活動の中で感じてもらうことが価値創造教育の本幹である。

JAISTの価値創造教育は、大学院改組にあたり1研究科体制になるきっかけで作られたものである。この教育が目指しているものは、JAISTが1研究科体制をとった時に、社会科学系・情報系・マテリアルサイエンス系それぞれの学生が入学したのちに、それぞれが持つ視野を拡げることである。JAISTそのものの教育目的は、設立以来一貫してイノベーション人材を育てることであり、イノベーション全体に対して視野を拡げることに注力している。多くの学生は入学してきた時には、JAISTは単に卒業した学部の延長線上にあり、学位が取れればそれでよく、専門の研究活動だけが中心にあると思いがちである。1つは、そのような自分の専門性を高めるだけでよいと思っている学生に対して視野を拡げてもらい、修士課程であれば2年間、博士課程であればさらに3年間を新しい視野を持って、さまざまなものを見るための"覚悟"を持ってもらうのである。もう1つは、分野を超えた横のつながりの構築に目的がある。1研究科になる前は、他の研究科の建物に入ったこともないという学生が多いが、この必修となっている価値創造の講義では、グループ演習を含んでいるので演習を通じて横のつながりができる。

　JAISTで価値創造教育をどう捉えているか個人的にではあるが考えてみると、そこには「価値とは何か」という答えのない議論がある。1つ目は、「価値とは何か」、「共創することでどのように価値は生まれるのか」など価値創造の根幹となることについて、社会科学や自然科学ではそれぞれ異なる考えを持っているだろう。その辺りをしっかり伝えていけるような授業設計が重要である。2つ目は、「創造する技法」の選定であるが、これは自由度が高い。「価値とは何か？」といった答えのない議論よりも、より実践的な知識科学的方法論を教えることに重点を置くことである。具体的には、エスノグラフィーやビジネスモデルキャンバスなどであり、初歩的段階ではロードマッピングも取り入れ、アクション、強制連想法やクエストーミングなどを取り入れてきた。しかし、授業を行なっていくにつれ、創造のための手法は重要であるが価値創造の裏付けのようなものを教えた

かったのだということに着想するに至ったのである。価値創造に関する授業を受けて面白かった、ためになったとアンケートに答える学生は多い一方で、本当に身についているかと問われれば疑問が残る。身につけてもらうためには長時間かけて教育すべきであるが、入学後の必修講義の規模ではなかなか実現は難しい。また、仮に学習としては十分であったとしても、実際に社会に貢献する価値を創出できたかと問われれば「否」となるであろう。企業の資金提供を受けて、プロジェクトを立ち上げ活動する中での教育は魅力的なものではあるが、提供した金額に見合うアイデアが出ていないという評価を受ける"危険性"もあるだろう。3つ目は、マインドセットの構築についてである。学生をどのように本気にするのか？おそらく就職して働き始めれば、価値創造の必要性を理解できるのであろうが、学生時代にはなかなか本気になってはくれない、という場合が多い。本気になれば自らの意志で社会に提供する価値を考え、知識科学的手法を駆使して、価値を生み出していくはずである。価値創造教育の目標は、自ら価値創造を実践できる人材を育てることであろう。価値創造ができる人は、他の人に価値創造に関するアドバイスを与えることができる。例えば大学の教員の仕事というものはまさにこれである。価値創造教育が目指していることは、その実行を他の人と一緒に行えることにある。自らの関心の範囲がさらに広い社会や世界や未来に向かって開いている人、自分の作った技術や作った物で論文や本を書けば十分なわけではなく、それが世の中に普及していくことを目指す、そして影響を与えることを目的とし活動する、地球の裏側に届くことを目指す、そのようなマインドセットを持っている人を増やすことが価値創造教育の到達点であるかもしれない。

　最後に神戸大学の価値創造教育に対する考え方を紹介する。起点となる議論をまとめたものが2021年出版の「価値創造の考え方」（國部ら 2021）であるが、ここでは神戸大学バリュースクールの現在から価値創造教育を考えている内容について記すことにする。神戸大学のバリュースクールにおける価値創造教育の考え方といっても、そもそも価値創造教育というも

のが体系だっていない現状において、何を考えて進めていくかについては
まだまだ議論を重ねているところで答えが出ているわけではない。しかし、
価値創造教育が求められる背景としては、将来の予測が困難になっている
社会の中で、目の前にある課題のみを解決することではなく、中長期的に
社会に対して価値を提供するようなビジョンや方向性などが求められてい
る。そもそも価値はどのようにして生まれてくるか？についての問いに答
えがあるのかは分からない。神戸大学バリュースクールはこのような価値
創造をこのような方法で教えていく、というよりも、大学内外の教員や学
生、社会の人々と一緒に、価値創造教育とはどうあれば良いかを考えてい
くような組織なのである。そのためには、研究科や学部の壁を越えて、さ
まざまな専門分野が交わり、混ぜ合わされる"鍋"のような場所があり、
その場で教員・学生が共に考え学んでいくことが必要である。大事なこと
は価値創造を通して、本来自分たちが学ぶべきあるいは、研究していく専
門分野を俯瞰的に理解し高めていくことにある。価値創造そのものに対し
ても、さまざまな専門的視点から議論がなされてきた。まだ結論を導き出
したわけではないが、神戸大学バリュースクールでは、価値創造を考える
枠組みをこのような"価値創
造スクエア"という図式で表
現した（図2）。目の前の（誰
かから与えられた）「課題」
を解決して結果を得る、とい
うことで価値が生まれて来る
わけではなく、当然のことで
あるが、人やコミュニティ、
社会が持つ「期待」によって
問題提起がなされ「課題」と
なる。「課題」を遂行するこ
とによって得られる「結果」

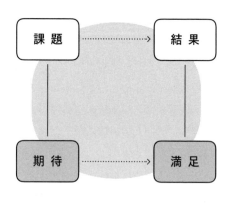

図2　価値創造スクエア

があり、得られた「結果」が「満足」につながっていくのである。例えば、今注目されている「デザイン思考」とは、この「期待」を共感しながら問題提起をして「課題」を設定し、実際のアイデアを出しプロトタイピングをしてみて、実際に出てきた「結果」をテストし、これが本当に人や社会に対して「満足」が得られるものかを調べる、というプロセスである。この期待・課題・結果・満足の関わりの中で価値が生まれてくると考えている。価値創造スクエアは完成形ではない。課題と結果、期待と満足のはざまに価値創造の本質があるのではないかなど、概念的にも考えるべきこと、スクエアが現実世界の中にどのように表現されていくべきなのかなど、これから考えていくことが多く残されている。これは価値創造そのものを考える研究活動となっていく。一方で、価値創造教育の観点の中では、この様な価値創造の枠組みである「期待」や「満足」といった主観的側面をどのようにして認知・理解してもらうのかということがこの価値創造教育を考えていく上で重要であると考える。

　大学において価値創造教育というものが提唱され広まっていく一方で、そのあり方などを考えていくと、多くの類似した教育の名前を目にするようになった。イノベーション教育やアントレプレナーシップ教育などが大学のみならず、中学校・高等学校、産業界などで注目されている。文部科学省が提唱する"アントレプレナーシップ教育"とは、起業・ビジネスを作るためのものではなく、学問を学ぶ力や社会に存在する問題を"我がごと"で捉えて、自らが遂行する課題の発見や共感力を育むことをも含んでいる。その問題解決の1つの手段として起業・事業化があるとされる。4つの大学で実践されている価値創造教育で伝えるべきことである、社会をよく見ること、視野を広げること、人や社会の「期待」を捉えることなどは、まさにアントレプレナーシップ教育の基盤となるものである。アントレプレナーシップを備えた人間が増えてくると、結果として起業したいと思う人間の割合も増えてくるかもしれない。その一方で、学問の世界に飛び込んで新しい研究分野を切り拓いていく人間も増えてくるだろう。ある

いは、他のさまざまな方法で自分の価値を実装していく。受け身ではなく、能動的に世界を形作る人間が生まれてくるのである。新規事業を作ることだけがアントレプレナーシップ教育の目的ではなく、スピノザ、フローレス、ドレイフスが共著 *Disclosing New Worlds* (Spinosa et al. 1999) の中で触れているように、新しいスタイルを持った世界を開示して人々に示す、つまり新しい世界を作るために必要なものがアントレプレナーシップ教育であり、価値創造教育なのである。

　本サロンは、上記の内容以外にも価値創造の場とはどういうものかという問いに対して、新しいコトが生まれてくるのは予定調和の世界ではなく、"遊び心"に溢れた場であることが大切であること、さまざまな視点を持つ人間が集まった"共創"の場であること、などが議論された。本節においては、価値創造教育とはいかなるものかにフォーカスして議論を展開したが、京都大学、東京工業大学、JAIST、そして神戸大学はそれぞれの視点・手法で価値創造教育を実践している。その知見やノウハウが蓄積されて教育体系が構築されていくこと、それこそが教育における価値の共創となるのである。

参考文献
國部克彦ら（2021）『価値創造の考え方：期待を満足につなぐために』日本評論社
Spinosa, C., et al. (1999) *Disclosing New Worlds: Entrepreneurship, Democratic Action, and the Cultivation of Solidarity*, MIT Press

音楽学と映画学という学問分野と価値
〜雅楽と映画から〜

鶴田宏樹

登壇者

板倉史明 神戸大学V. School 協力教員・大学院国際文化学研究科 教授

寺内直子 神戸大学大学院国際文化学研究科 教授

オーガナイザー

鶴田宏樹 神戸大学V. School 価値創発部門 部門長・准教授

　映画や音楽、そして絵画などの作品には、美しさという抽象的な価値と売れるものであるというような経済的な価値、そのような2面性を持っている。もちろん、それ以外の価値も含まれるであろうから、多面的な価値と言っても良いかもしれない。本節では、芸術作品とはそもそもなんなのかを考えてみる。まず、芸術作品そのものの価値が、どのように生み出されるのかについて、東洋の最も古い形態である雅楽と西洋芸術において新しい形態の1つである映画という、対極とまではいかないが、かなり離れていると考えられる2つの例から考えてみる。まず、寺内教授との議論から、長い歴史を持つ雅楽についての研究から考えてみる。そもそもの話ではあるが、音楽そのものが研究の対象となることについては、特に日本においてはあまり認知されていない。例えば義務教育の中で、国語、算数、理科、社会などはしっかり勉強しないといけないものと教えられる。一方で美術、音楽、書道は余力があれば勉強すれば良い。そのような位置付けになっているのは理解いただけると思う。音楽を研究する学問分野は、日本語では音楽学、英語ではミュージコロジー（musicology）と表現される。

日本の中で音楽学部がある大学は限られている。学校で音楽を教えなければならないので教育学部には、音楽の教育のための学科はあるが、音楽そのものを研究するところは日本には少ない。一方、欧米ではリベラルアーツの科目の中に楽理、音楽が入っている。理論体系の確立、抽象的な美学、物理学、そして人間の営みに関わる社会学まで、音楽はさまざまな学問の対象となっている。東京藝術大学には楽理科という学科があり、そこでは、西洋音楽史、日本・東洋音楽史、音楽民族学、音楽美学などの学問を含む音楽学を研究する。多くの学生は西洋音楽の研究をする一方で、少数の学生が世界の民族音楽や日本独自の音楽の研究などに携わっている。その中で、雅楽とは音楽に少し舞、舞踊が組み合わされているという芸能である。ゆえに文学研究者や演劇研究者はあまりテーマとはしないのであるが、音楽学からアプローチしようとしても音楽分析などのより専門的な知識が必要となるので、音楽学の研究者が少ないことに輪をかけて、さらに研究者人口は少ないのが現状である。研究者人口が少ないにも関わらず、研究自体がなぜ衰退しなかったか。これは雅楽そのものが天皇制に結びついていたからである。雅楽で使用される楽器はメンテナンスや材料調達も非常に大変なのである。雅楽だけを単独で存在させておくと、現在の商業主義に飲み込まれて数年以内に確実に滅ぶのではないかというくらいの存在であるが、天皇制の権威と結びついた儀式音楽であることで生き延びてきたのである。

　雅楽を初めて聴くと、無秩序というか何か重なり合っているのは分かるけれど、拍節などはなく4拍子でもなければ3拍子でもない。輪唱的に同じことを次々と重ねていく退吹という演奏であるが、演奏ごとにタイミングがずれることはあっても、何らかの秩序を持って音の重なりが成立しているものである。重なっていく音が西洋音楽と全く異なるつくりなので、西洋音楽的には不協和音となり、不快な音の組み合わせが頻出する。複数の楽器が、拍節なく重なっていくが、そこで使われる楽器は笙と篳篥と龍笛、琴や琵琶である。時代を経て、雅楽の琴や琵琶が民間に流れていき、

琴は江戸時代に山田流や生田流として、琵琶は単独で物語りの伴奏に使われていくようになったのである。雅楽そのものは、天皇や貴族の人々の限られた集団の中で維持されてきたので、現在でも演奏者は国家公務員である。そのように、雅楽自体は一般の人間の耳に触れることがなかったものである。人間は、普段耳にしているものと異なるもの聴くと、違和感というか一種の拒否反応を示すことがある。それを不快、拒否と感じるか、面白いと感じるかは、大袈裟にいうとその人のそれまでの聴覚体験に依存する。しかし、雅楽を聴くとなんとなく優雅な気持ちになる、高尚な気持ちになったりするという感想もある。これは、天皇家との結びつきがあるという予備知識があると出てくる答えなのである。

　雅楽を考えることで見えてくる音楽の価値について考える。音楽が生まれた地域では、それぞれ育まれてきた美意識というものがあり、その美意識に基づいていろいろな音、あるいは芸術の形式が発達していくのである。音の感受性そのものが文化の中で育っていくのである。ただし、普遍的な共通性のようなものもあり、それは物理的な音響現象として表現される。例えば、「ド」の音の5度上が「ソ」の音であるが、このような5度異なる2つの音程は完全に協和する。不快とはならず完全に心地よい音程となるのである。4度、5度の音程の組み合わせは、完全に心地よい音程であり、"うねり"は全く生じない。もちろん同じ「ド」と「ド」であれば完璧で、「ド」と上の「ド」も同じである。このような物理現象は、どの文化で育ってきたとしても、須く心地よさを与えるものである。さらに、音には倍音[1]というのが含まれていて、「ド」という音を鳴らしても、1オクターブ上の「ド」と「ソ」と、そのオクターブ上の「ド」、そして、「ミ」といったように音程の音が倍音として、重なって含まれている。その倍音や協和音程を並べていくと音階ができていくのである。ギターの弦で

1　倍音：音の高さは周波数によって決まる。ところが音には、基本となる周波数の他に、その2倍、3倍、…と整数倍の周波数の振動がいくつも生じている。この整数倍の振動のことを倍振動といい、そのそれぞれの音のことを倍音と言う。

考えると、弦の長さを3等分して3分の2にすると5度上の音が出る。また、この3等分したものを1つ外側に付け加えて3分の4にすると、「ド」に対して「ファ」の音が出るなどという、そのような整数比でもって音程が計算できるのである。それを最初に気づき、理論化したのは中国人とギリシャ人である。このギリシャ人とは古代数学者のピタゴラスのことであるが、ピタゴラスの音階の定理として理論化されたのである。より複雑な音楽形式になっていくと徐々に文化的、つまりある地域に住んでいるある人々によって育まれてきた美意識と結びついて多様性が生まれてきた。そして、歴史を経るごとにそれぞれの音楽形式に社会的地位、特定の意味が与えられるようなった。雅楽であれば、元々中国から入ってきたものであり、天皇家の周辺における儀礼で用いられる音楽として発展し、国家的な保護の下で伝承されてきた。その歴史があまりにも長く、そして深く、さまざまな出来事を結びついていることで、雅楽を聴くとやんごとなき世界に浸ることができるのであろう。前述したように、雅楽は商業主義にのれない音楽であると決めつけたが、仮に天皇制がなくなったりすると宮中儀礼そのものもなくなり、日本の伝統文化として以外に生き残ることはないと思われた。しかし、最近になって、ポップスと融合した雅楽などが生まれてきている。雅楽が持つ独特の雰囲気など独自の歴史で培われてきたものが新しいものと融合することで、さらに新しい意味を生み出す。音楽的な価値を他の文化を変化させる機能が持つ価値というものがあるのであろう。

　音楽においては、音が合わさって和音になる。その組み合わせには、協和音とそうでない非協和音のようなものがある。雅楽でもポップスでも、ロックでも何でも、和音の中には一応協和音であるが、その状態に止まりたくない、次の状態に移りたいと思わせる組み合わせみたいなものがある。作曲家は非常に意図的に、わざと不協和、不快なものを置き、次にその解決を目指すように構成を考える。要するに、緊張するところと、その緊張が弛緩するところをうまく組み合わせて作曲している。もちろん聞き

手が自由な解釈をできるように作曲家は曲の構成を考えることもあるだろう。しかし、音楽というものには伝統的な音楽と現代的な音楽の組み合わせ、曲の中の音の組み合わせで聴き手の主観に訴えかけることができるのである。

　製作者の意図や想いが強く投影される芸術とは何かと問われれば、演劇や映画がすぐに思い浮かぶ。板倉教授と映画という芸術が持つ価値について議論していく。映画学（film studies）という学問の歴史は比較的新しく、1970年代の欧米で生まれた。多くの人にとって映画とは、少し疲れた時や週末に映画館に行き、自分の好きな俳優が出ている映画を見てリラックスして楽しむものであろう。観終わった後に面白かった、リフレッシュできた、充実した週末を過ごした、と感じるための娯楽の1つと捉える人がほとんどであろう。ここで考えてみよう。そもそも映画とは、どんな仕組みによって、ストーリーや場面、雰囲気が表現されているものであろうか。映画の1作品は、およそ1,500～2,000くらいのショット・カットがつなぎ合わさったものである。それが、どのようなルールに従って、表現がなされているかということを我々が知りたいと思ったときに、その回答を簡単に与えてくれる本に巡り合うことは稀であった。高校、大学生になって映画研究の教科書に出会い、読み込むまで、あるいは映画を実際に作りたい人々のためのテキストのようなものに出会うまでは知ることはできなかった。しかし、現在はYouTubeなどで映画制作の技術やノウハウを知ることができる。この10年で映像制作を志す若者を取り巻く状況は大きく変わってきたと言えよう。映画学というのは、どのような仕組みで映画の表現が成り立っているのかを具体的な映像に対して言葉、概念で解説していくことに特徴があり、それ自体が映画学の独自性につながっている。哲学や社会学や文学であれば、映画を研究材料として活用して、文学的の研究をする、あるいは、社会学のあるテーマにおいて映画を使って分析をしてみる、という研究材料として映画を使用する例はよく認められる。しかし、映画学とは、より内在的に映画作品の中のルール、仕組みというも

の、あるいは歴史のようなものを徹底的に調査して、その特性を考えていくことが目的にある。

　今の学生は、もちろん全てではないであろうが、毎日朝起きてスマホを見て、動画を見て、トイレに行っている間もスマホを見ているのではないだろうか。家族がいるリビングに行けば、最近の家庭ではテレビを置かないところもあるだろうが、テレビが点いていて、ちょっとしたCMなどを見て少し会話したりするだろう。外出したら、大きなビルの上に大きなモニターがあって、さまざまな大手企業のCMが流れるのをなんとなく見ているかもしれない。電車に乗っても、最近では動画やCMが流れている。このように我々は日々何らかの動画に接している。多くの場合は、15秒や30秒で、お金を出した会社の商品や企業イメージや会社名を多くの人に見てもらうもので、そして会社の収益につなげたいという目的があって作られた映像である。従って、如何にして人々の視覚的な注意を引くかが最も重要となっているものである。これは、芸術家や映画監督が作った映画作品やテレビ番組とは全く異なるものである。一括りに映像と言っても、目的や役割によって表現の方向性や特徴、作品のゴールは全く異なる。神戸大学の共通教育として開講している授業「芸術と文化」の中では、人々が日々接している映像のどの部分に着目すれば、その映像の表現の特徴を見つけることができるのか、どのような部分に監督の表現の意図が込められているのか、何を我々に伝えたいのか、そのようなことが具体的にこれまでに見てきた映画の視点を変えることによって発見できるのである、ということが伝えられている。映像を見るときに、どこに注目すれば何が分かるのかということを一般教養として身につけることが大切と考えている。この授業を受講した学生からは、これまでに無意識的にしか見ていなかった映像や映像と映像のつながりを意識できるようになり、製作者が我々に何を伝えようとしているのかを分析的に捉えられるようになったという感想を受け取った。ここからは想像の域を出ないが、最近ではロシアやウクライナ、ヨーロッパ圏のさまざまな政治的な話題が増え

てきて、しかも、メディアを使ってそれぞれの国の生き残り戦略が図られていたりするケースもあろう。誰がどのようにメディアを使って、いつ誰に向かってインターネット上に映像を流したのか、流さなかったのかなど、そのようなことも映画学の分析対象である。

　現在では、社会学でもメディアスタディーズやメディアリテラシーといった分野でも日々流れるテレビ番組やインターネットニュースの分析を行う。この時には映画学的な分析手法が用いられたりする。例えば、たまに「北朝鮮の金正恩さんが、最近2カ月メディアから消えていたのに出てきました」などのニュースが流れる。このような時には、北朝鮮から提供される画像や映像は限定されていることが多い。1枚の写真しかなかったり、3秒間の動画しかなかったり、音声がなかったり、非常に限定された素材しかない場合が多い。そのような状況になると、テレビ局の人は専門家の意見を聞く。「このように金正恩が真ん中に立っているから、やはり彼の権威は変わっていない」、「その横にこのような人が立っているから、権力構成が変わったのではないだろうか、失脚した人がいるのではないか」などと分析するのである。あるいは、より細かい視点で、登場人物の服に付いている勲章の数などを数えながら、「この人は最近、功労賞のようなものを取って、さらに地位が上がったから、金正恩に近いのだ」、あとはその背景に誰が映っているのか、どこで撮っているのか、誰を映していないのか、そのようなことをとても細かく分析しながら、映画学者がやっているような画面分析、ショット分析に該当する手法を用いるのである。すなわち、映画学の分析手法というのは、映画学の専売特許なのではなく、人々が本気で映像や動画に向き合って、何か特徴を見出そうとしている時には自然に用いられる手法であるのかもしれない。もちろん、映画学では、このような作業に対してさまざまな専門用語や概念な風土を積み重ねて、より説得力あるものにはなっている。ここで強調したいことは、映画学で身につけるスキルというのは、日常生活でも十分に利用できるということである。分析的・批判的に世界の映像を読み解く技術というもの

は、生きる上で重要なスキルであると言いたい。

　もう1つ例を挙げたいと思う。食事の時に、おいしい洗練された繊細な食べ物が出されても、「うーん、確かにおいしいけれども違いが分からないな」というような感じで、無意識に食べて「おいしかったです。ありがとうございました」で終わる人もいる。しかし、精魂込めて、いろいろな食材の選択肢がある中から、これとこれとこれを選んで、これをこのような調合の仕方で混ぜて、火を入れて何時間置いて、冷凍して、その後もう一度温め直して、いろいろな調味料を混ぜ合わせて、もう一度こうやって、こうやって、こうやって出てきたものですと知った場合にはどうだろう。それぞれの素材についても、例えば「このトマトは日本で最も有名な地域の旬のトマトを、わざわざ予約して買ってきて」、食事をつくってくれる人もいる。また、超一流のレストランやケーキ屋さんがこだわるところにこだわって、時間と金をかけてつくってくれてこともあるだろう。それを知ることによって、提供された食事への見方が変わるかもしれない。何気なく食べて、それを「はい、おいしいです」で終わってしまうのも、もったいないことかもしれない。もちろん全ての人が、食事というものに強いこだわりを持っているわけではないと思うが、その料理がどのようなプロセスで調理されたのか、それらの素材はどこから来て、どのくらい苦労してここまでやってきたのか、そしてこのように組み合わせるというそのレシピというのは、この料理人のどのような才能やアイデアによって生まれたものなのか、などを情報として知った上で食べると、食事そのものの楽しみ方も変わるかもしれない。映画にしても食事にしても、背後にある何かを理解すると感じ方は変わるかもしれない。

　芸術における製作者の意図、映画であれば監督が観客に何を伝えようとしているかを考えてみる。もちろん、映画監督の立場からすると、やはり何かを伝えたいという目的や意図があって制作している。その意図は、具体的に何か映像や音の特徴から読み解かれる。また、監督が残したコメントや文章などからも読み解かれることがある。さらに、1970年代以降の

文学理論や現代思想などの潮流の中で考えると、その作者自身は存在しなくても自由に読み解くことができる。監督が観客に何かを伝えるという考え方がある反面、監督の意図には関係なく、観客は自由に解釈できる、そのような権利を持っているのではないかという意見もある。文学理論の研究者であるスタンリー・フィッシュは、彼の書籍の中で次のようなことを語っている。確かに観客、この場合には文学の読者は、作品に対して自由に解釈して楽しむことができる。ただし、その読者はある特定の場所、特定の時代に生まれて生きてきたという経験の中で、その人が過ごした文化的な慣習や、小さな頃から経験的に学んできたものの理解の仕方などに、ある程度はとらわれている。つまり、その枠組みの中で"自由に"解釈しているのである。いくら自由だとはいっても、その人が経験してきた、あるいは生活してきたような、フィッシュの言うところの解釈共同体の中で、ある特定の見方や読み方をしているのではないかということである。

　現在の映画や音楽の世界については、配給会社の人に聞くと、元々は監督の意図や芸術的な感性を伝えることを目指している側面もあったが、徐々に見る人や聞く人に心地よさを与えることで商業的に売れるようになっていくと、そのような作品を作っていくことにもなるだろう。商業的には非常に価値のあるものが生まれてくる一方で、本来持っていた何かが失われていく怖さもあるだろう。自由に解釈できる自由はあるべきではあるが、商業ベースに乗っていた時に、そもそも芸術作品に内包されていた「思考」や「感じること」が薄れてしまうのではないかという不安もある。逆に、製作者の意図があって、それを自由に解釈できるということは、音楽や芸術が昔から教育に含まれる理由なのかもしれない。芸術作品に触れた時に、それを自分で自分ごととして理解することや相手が何を感じたかということを理解する。芸術作品というものの価値はそういうところにもあるかもしれない。もう少しその辺の理解を深めるために、芸術作品と学術論文の違いは何なのかを考えてみる。学術論文は、基本的に読者が誤解しないように意味をできるだけ限定して、1つの意味にしか取れないよう

に文章を並べていく。読者が複数の解釈や曖昧な解釈をしないように、論理的に表現するところに学術論文の特徴がある。一方で、文学や映画、音楽などの芸術作品にはそれを創作した人の目的や意図はある程度あるであろう。ただ、そこに限定されないような要素が残されている。つまり、読者や観客、聴衆は良い意味で誤解する余地が常に残されているので、自由な解釈や楽しみ方ができるのである。ある人間が、音楽を聴いたり、映画を見たときに何かを感じる、それを他の人と共有してみると同じところや違うところがある。この違いは、その人がこれまで生きてきた中での経験や所属する共同体や環境がもつ常識や価値観などの影響を受けているかもしれない。

　個人の持つ経験や常識、価値観で芸術作品への解釈は変わる。その一方で、芸術作品が作られ、人々に触れる"場所"によっても解釈は変わるのかもしれない。例えば、即興演奏は結果として出来上がった曲を評価するのではなく、製作者（即興演奏では演奏者）が今閃いたものを表現している過程を評価するものである。それを考えると、人がコンサート会場に足を運んで、その"場"で演奏される生の音楽と、スマホなどで聴くことができるデジタルな音楽、これらの音楽の表現の過程は異なるのかもしれない。コンサート会場で曲を聴くときには、演奏者（製作者）の意図や曲が表現される過程を解釈している。その一方で、デジタルな音楽では、聴いた瞬間の響きの斬新さなどから、なぜそのような響きになっているんだろうという解釈の起点が異なる場合もあるのかもしれない。このように、さまざまな要素から芸術作品には解釈の自由度が与えられている。

　芸術作品には少なからず製作者の意図や主観が投影されているはずである。すなわち、芸術作品には、製作者の主観を通して、当時の時代背景や常識、価値観、問題意識などが含まれていると言えるであろう。最近は、芸術家が持つ社会背景への認識と主観の顕在化の過程における考え方あるいは表現が"アート思考"と名付けられ、価値創造において重要な思考の1つとして捉えられている。芸術作品を創り上げていく、そしてそれ

を鑑賞する過程においては、我々がその芸術作品に関わることで何をどのように感じるのか、そこが価値を生み出す、あるいは価値に気づくためには重要である。デザイン思考では、ユーザーやその集団の主観・関心に共感することを重要視している。共感には、相手の感情に「同情・同調」する"シンパシー（sympathy）"と道徳の授業で習ったことがある「相手の身になって考える」の"エンパシー（empathy）"がある。この"エンパシー"が新しいコトを創って満足を与えるためには重要とされている。その"エンパシー"は、実は芸術作品に触れることによって、その製作者が描いているものを感じ取ることで高められるのかもしれない。本節での議論の基になったV.Schoolサロン「音楽学と映画学という学問分野と価値～雅楽と映画から～」では、芸術作品そのものの価値やその復元と維持、そして価値の変化など、芸術作品を多方面から観た議論が展開された。その中から本節では、価値創造教育において重要となる「共感」の理解における芸術作品の価値に焦点を絞った内容とした。

参考文献
スタンリー・フィッシュ（1992）『このクラスにテクストはありますか（解釈共同体の権威）』みすず書房

SDGsの時代における価値と経済的価値

内田浩史

登壇者

堂目卓生 大阪大学大学院経済学研究科 教授

内田浩史 神戸大学 V. School 価値創発部門 副部門長・大学院経営学研究科 教授

1. はじめに

　「巨大テック企業が時価総額ランキングで世界のトップに立った」、と いったように、現代社会においては、経済的価値が非常に重視されている と思われる出来事がたくさん起こっている。他方で、「ステークホルダー 資本主義」や Sustainable Development Goals（SDGs）のように、経済 的な価値の偏重への警鐘も示されている。経済的価値とはそもそもどうい うものか、これからの社会においてどのような価値が重要と考えられてい るのか、あるいは考えるべきなのか、さまざまな価値の追求をどうバラン スを持って進めるべきなのだろうか。

　こうした問題について、経済的価値を直接扱ってきた分野である経済学 の観点から議論したのが2022年7月7日と21日に開催された V. School サ ロン「SDGsの時代における価値と経済的価値」である。そこでは大阪大 学大学院経済学研究科教授の堂目卓生氏と、神戸大学大学院経営学研究科 の内田浩史の2人で、2回にわたって話題提供を行うとともに、フロア参 加者も交えてのディスカッションを行った。同サロンの詳しい内容につい ては既に内田・堂目（2023）として出版されているので詳しくはそちらを ご覧いただくこととし、ここでは第1回目を中心に、その概要について報

告することにしたい。

2. 第1回「経済学における価値」

　7月7日に行った1回目では、経済学では価値をどう捉えているか、というテーマで議論を行った。そのために、経済学がそもそも経済や社会をどう捉えており、その中で価値がどう取り扱われているかを議論した。まず最初に内田からは、現在標準的とされている経済学、パラダイム化・制度化されて確立されてきた経済学において、経済や社会や価値がどのように捉えられているかを紹介した。

　続いて堂目氏からは、より長い目、広い目で、今の経済学に囚われず、より広義の経済学の視点から見て、そこで捉えられている経済、社会、価値についてご紹介いただいた。そこでは、今の経済学がなぜこのような経済学になったのか、今の経済学では捉えられなくなっている価値、過去の経済学あるいは主流ではない経済学が捉えるような価値とはどのようなものかもご紹介いただいた。その後、フロアとの間でディスカッションが行われた。

2-1. 現在の標準的な経済学が捉える経済・社会と価値

　内田担当の前半のパートでは、現在の標準的な経済学における経済・社会と価値の捉え方に関して、現代（近代）経済学の基礎であるミクロ経済学のモデルに基づいた説明が行われた。そこでは、経済は家計部門と企業部門とからなるものとして単純化される。このうち家計部門は、得られた所得を使って消費を行う経済主体であり、消費から得られる嬉しさを表す効用を最大化するように行動する。この効用が、経済学で取り扱われる価値の基本である。また、消費量は価格によって変化するため、価格と消費量を表す需要関数が重要であり、需要関数を用いると支払意思額という形

でも価値が表されること、複数の人たちにとっての価値を集計した社会的厚生関数が用いられることもあることが説明された。

　これに対して企業部門は、コストをかけて人を雇ったり材料を買い、商品やサービスを生産する経済主体である。生産物の量と価格の積である収入から、コストを引いたものが利潤であり、企業部門は利潤の最大化、あるいは費用の最小化を行うものとして表される。企業は価格が大きいほど利潤が増えるため、価格が大きいほど生産を増やすという供給関数の関係が導かれる。こうした設定では、利潤の大きさ、あるいは費用の節約を表す効率性という形で価値が捉えられている。

　家計部門の需要と企業部門の供給は、価格による調整でつり合い、経済活動のレベルが決定される。このつり合いの取れた状況（均衡状態）をもたらすのが価格であり、均衡価格は買ってくれる人にとっての売るものの価値を表すため、生産物の価値（市場価値）を表す指標となる。さらに、均衡状態を余剰概念で表し、総余剰、消費者余剰、生産者余剰という形でも価値を表すことができることが説明された。

　経済学は、希少な資源を効率的に利用する方法を考える学問だといわれる。これは、上記のような価値を最大にするために、できるだけ少ない資源（労働力や材料など）を用いて経済活動を行うのが望ましいと考えるからである。こうした経済学の価値判断基準は、一般に資源配分の効率性、と呼ばれる。効率性は、同じ資源でできるだけ大きなパイを作るのが望ましい、あるいは同じパイを作るのであればできるだけ少ない資源を使うのが望ましい、という形でも表現される。

　しかし、内田からは、こうした価値判断基準には問題点もあることが指摘された。第一に、消費から得られる効用に注目することで、モノを買うこと、使うことの価値しか見ていないという批判がある。ただし、経済学ではそれ以外の価値を効用関数に取り込むことは可能で、この点は大きな問題ではないことが説明された。第二に、効率性に基づく判断は、とかく費用を下げればよい、という話になりがちである。しかし、経済学の元々

の理論はそうではなく、「同じ効用をもたらすのだったら」少ない資源・コストが望ましいといっているだけであり、より大きな効用が得られるのであれば、コストは高くてもよいことが説明された。第三に、経済学は市場やお金のことを考え過ぎているのではないか、金銭的価値を重視しすぎではないかという批判もありうるが、経済学ではそれ以外の価値を、市場の失敗という概念で扱うことが説明された。

　前半の話題提供の最後に、経済学における価値判断の一番の問題、として挙げられたのが、分配の公平性への考慮の欠如である。経済学は、いかに少ない資源で大きなパイ（効用）を生み出すかということを考えるが、そのパイを誰がどう分け、どう受け取るのかという点については判断できない。希少な資源を使って、経済活動をして何か効用が得られたり、世の中が良くなったりしたときに、その良くなったメリットを誰が享受するか、が分配の問題であり、この問題については経済学では直接は扱えないことが説明された。

2-2.　より長い・広い目で見た経済学が捉える経済社会と価値

　続いて堂目氏より、こうした経済学が出来上がる以前の経済学において、価値がどのようにとらえられていたのかが説明された。現代の経済学の発祥の地は、産業革命以降の18世紀のイギリスであり、現代の主流経済学のもとを作ったのは、アダム・スミスである。スミスの時代である近代は、神が中心で宗教的支配が行われた「魂の時代」であった中世に対し、人間が中心の「物の時代」であり、①「世俗的統治」（物の分配（正義）は統治者が担う）②「科学的世界観」（世界は物でできている）③「物質的幸福観」（人間は物の消費によって幸福になれる）という特徴を持つ。近代の現象の多く、たとえば産業革命や経済成長などは、これらの組み合わせによって説明できる。堂目氏からは、そのような時代に形成された経済学は、上記3つを前提として、(1)市場機能の解明、(2)国民経済を豊かにする

方法の解明、(3)国家間の対立を緩和させる貿易の在り方の解明、という3つの使命を持つことになったことが説明された。

こうした経済学の古典時代において、デイビッド・ヒュームは、人間とは何か、社会とはどうあるべきかを問う学問である「人間学」が、あらゆる学問の基礎になる、と主張した。この主張はスミスにも受け継がれ、経済学を創設する際の方法論的な基礎になった。経済学には理論の領域と政策の領域があるが、古典時代における経済学は、政策領域における目標設定を人間学に依拠し、現在であれば哲学、倫理学、心理学、行動科学などが該当する道徳哲学において扱っていた。人間学における価値判断の基準には、人々の諸感情にもとづいた基準（スミスの『道徳感情論』）、最大多数の最大幸福（ジェレミー・ベンサムの功利主義）、幸福の全体量よりも一人ひとりの権利（カントの権利論）、人間を平等に扱うことを重視するさまざまな形の平等主義、社会からの抑圧や介入を極力排除しようとする最近の自由至上主義、共同体としての物語を重視する共同体主義などが含まれる。こうした基準は理論と結び付いて政策目標を決定するだけでなく、どのような理論を構築するかという土台にもなっている。

堂目氏からは、こうした状況について、アダム・スミスとジョン・スチュアート・ミルに関する紹介が行われた。スミスの人間学は、「共感」、つまり他人の感情を自分の感情として写し取り同じ感情を起こそうとする心の働きに基づき、社会に共有される中立的・常識的判断を重視する。こうした判断を土台として、市場、成長、貿易の理論からなるスミスの経済学は、重商主義的規制の漸進的な緩和やアメリカ植民地の自発的分離といった政策提言を行っている。そこで重視されるのは、労働者あるいは最下層の人々に、生きていくために必要な最低限の富が行き渡ることであり、そのために雇用主、すなわち資本家のフェアな（独占、結託、癒着、偽装などのない）競争が求められた。

これに対してジョン・スチュアート・ミルは、産業革命の光だけでなく影も見えはじめた頃に、格差が広がる中で、スミスが構想したフェアな競

争社会を引き継ぎながらも、競争に参加する機会がより多くの人に開かれるべきだと考え、新しい人間学（社会哲学）の上に経済学を築き直そうとした。ミルの人間学は、快楽を善、苦痛を悪と考え、最大多数の最大幸福を政策の基準に置くべきだとするベンサムの功利主義を引き継いでいるが、個人は質の高い快楽（さまざまな快楽を経験したのちに個人が積極的に選ぶ快楽）を求めるべきで、その機会を社会が開いていく必要性があると主張した。

　しかし、経済学を人間学の一部として捉え、経済理論を構築して政策を提言するこうした考え方はその後だんだんと弱くなる。堂目氏からは、アルフレッド・マーシャルは、利己主義から利他主義に進化していく存在としての人間を捉えようとしたものの、その理論においてはこうしたプロセスが論じられずに静学的な経済学の提示にとどまったこと、また当時の時代背景から、そうした経済学がライオネル・ロビンズによって、経済学のすべてだとみなされるようになったことが指摘された。そこで登場したのが「希少性の科学」としての経済学であり、前項で紹介した経済学そのものである。こうした経済学は、ジョン・ヒックスからポール・サミュエルソンへと引き継がれ、現代の新古典派経済学はヒューム以来の人間学のくびきから解放された、希少性に関する純粋科学となっていった。堂目氏は、こうした中で、経済学が効用、つまり個人の価値観を所与と見なすようになったことを説明し、この人間観こそが特定の価値に基づいていることを指摘した。

　さらに堂目氏は、このように特殊な人間観と価値基準に固定化されている経済学が、他の学問分野の研究者や社会課題に取り組んでいる実践家の人たちに違和感を持たれ、しかも、そうなっていることに経済学者が気づいていないことを指摘する。そこで、堂目氏は、こうした状況から経済学を脱却させるために、哲学、倫理学、心理学、行動科学などとの連携によって、人間学的な基礎を復興させるべきだと主張した。そして、「人間の幸福（効用）は物の消費のみによって満たされるのか」、「人間が求める

のは幸福（効用）だけなのか、その他の価値、たとえば徳や英知、美、自由、平等、権利などはすべて幸福（効用）に還元されてしまうのか」、「人間以外の存在に価値を認めないのか」という3つの問いを投げかけている。

　最後に堂目氏は、こうした問題を克服しようとする流れは主流派経済学者の中からも出てきているとし、アマルティア・センを紹介した。そこでは、人生というのはケーパビリティ（やろうと思えばできることの選択の幅）を拡大するために与えられた時間であって、個人は自分のケーパビリティが最大になるようにエージェント（積極的に行動する主体）として行動すべきだとされる。そのために障害となる自然的・社会的要因を取り除くため、社会は経済的便宜、政治的自由、社会的機会、透明性の保障、保護の保障を整備しなくてはならないというのがセンの主張である。こうしたセンによる人間開発の考え方は、国連開発計画などに実際に取り入れられている。

3.　第2回「社会課題の解決と経済学の使い方」

　7月21日に行われた第2回目では、最初に堂目氏から、経済学史の研究者からみた社会課題の解決と経済学についてお話しいただくとともに、経済学史の研究者である同氏が大阪大学の社会ソリューションイニシアティブ（SSI）という組織に携わり実践されようとしていること、その中で堂目氏が専門とする経済学の考え方や思想が果たす役割について、お話しいただいた。

　そこではまず、科学技術が発展して富が蓄積され、1人当たりのGDPは継続的に増加し、人々の生活は中世とは比べものにならないほど豊かになったという点で、近代は大成功の時代だといえるが、その反面、人口爆発という予期せぬ事態が発生しており、これが近代の危機である、と説明された。こうした状況は、いずれ沈みゆく運命にある穴の開いた豪華客船であり、穴をふさぐために何が必要か、という比喩から、どのような社会

を目指すべきかという説明をいただいた。そこで必要なのは、人間学を基礎とする経済学の復活であり、センの考え方に基づき、人の価値を含めて価値（存在意義）とは創造するものではなく見いだしていくものであり、ないところから創るものではなく、あることに気づくものだとして、そのために必要な、目指すべき社会が説明された。

　資本主義経済は、スミスが唱えたフェアな競争、ミルが試みた競争への全員の包摂、センが唱える弱者のケーパビリティ拡張への配慮が、いずれも完全には達成できておらず、むしろグローバル化によって独占や格差など悪化している。他方で、企業の社会的責任（CSR）や共通価値の創造（CSV）など、自然環境や人間社会に対する責任を企業に求める傾向は強まっており、それを実践している企業も増えている。企業の社会的責任は、企業に投資する人、企業が供給する商品を買う人、あるいは企業で働く人を含めてみんなで責任を負う必要があり、堂目氏も大阪大学の社会ソリューションイニシアティブ（SSI）でそれに向けた取り組みを進めておられ、「助けを必要とする人」と「助ける人」が共感によって助け合う共感資本主義経済を後押しする風は確実に吹き始めている、として話を終えられた。

　続いて内田からは、経済学の考え方を金融という分野に応用する応用経済学者の立場から、社会課題をどのように捉えているのかを、第1回のテーマである標準的な経済学の捉え方とその限界を踏まえて説明したのち、神戸大学V.Schoolにおける実践の紹介が行われた。まず、社会課題を端的に表すSDGsが、経済学のどの分野で扱われるか紹介され、その一例として環境経済学が温室効果ガス排出問題をどうとらえるかが紹介された。そこではこの問題を、私的費用と社会的費用の乖離が生み出す外部性としてとらえることができ、その解決は外部性の内部化としてとらえられること、そのように、経済学は社会課題を市場の失敗という形で資源配分の非効率性の観点からとらえること、公的介入で規制したり、税金を取ったり、補助金を渡したり、公共サービスを供給したりしてその問題を是正するこ

とが説明された。

　続いて金融分野における社会課題の捉え方に関する説明が行われ、金融分野は金銭的価値を重視する分野であること、そこでは社会課題がほとんど扱われないことが説明された。これに対して現実の金融は変わってきており、SDGsに代表されるような社会的価値（バリュー、インパクト）の追求が求められるようになっていることが説明された。実務に近いところでは、ソーシャル・ファイナンスという概念で、金銭的価値だけでなく社会的価値の創出のための資金の流れが重視され始めており、その例として慈善団体への寄付やインパクト投資が紹介された。そうした資金の流れを促進するために、社会課題の解決に資する活動をしている団体を特定できるよう、団体自身が自らの活動を可視化するため、ロジックモデルやセオリー・オブ・チェンジといったツールが用いられるようになっていること、経済学の金融分野ではなく経営学の環境経営あるいは環境会計の分野では可視化の取り組みが既に深く研究されていることが紹介された。

　そのうえで、内田からは、こうしたこれからの金融を経済学的に表す試みが示され、私的便益と社会的便益の2軸のモデルを用い、これまでの金融には「①価値が見えないために、なかなかお金が回ってこないという問題」、「②私的にはお金が儲からない、お金を出しても返ってこないので、お金が回らないという問題」、「③私的に儲かるから社会的に望ましくないところにお金が回る、という問題」があることが指摘され、価値の可視化は①と③の解決に有効であることが指摘された。

　ただし、内田はこうした経済学的な捉え方には意義もあるが、限界もあることも指摘している。意義として挙げられたのは、経済活動のモデル化であり、経済や環境、社会を含めて、全体としてどういう構造になっているのかを可視化、概念化、理論化できる点、またそれによってどうあるべきかという議論、規範的な議論が可能になるという点が指摘された。しかし、社会的価値や費用といった概念で表されるものを実際にどう計測すればよいのか、という計測の問題が限界として指摘された。また、計測の問

題に関連して、測定される指標自体が目的になってしまうという、指標の目的化の問題、市場で価値が集計化されないような価値を扱えないという問題、効率性以外の価値判断基準を持たないという問題が、限界として指摘された。

　こうした限界は、上記の金融の問題「②私的にはお金が儲からない、お金を出しても返ってこないので、お金が回らないという問題」の解決が難しい原因でもあり、一人ひとりの人間としてできること、人としてやるべきことを考えるべきではないか、政府の役割として再考する必要があるのではないか、といった指摘が行われた。その中で、内田が関わる多胎育児支援NPOの活動や、V. Schoolでの教育の取り組みに関する紹介が行われた。その後、フロアとの間でディスカッションが行われた。

参考文献
内田浩史・堂目卓生（2023）『SDGsの時代における価値と経済的価値』神戸大学出版会

AIスマート空調から始まる社会変革と
社会実装における新たな大学の役割

玉置 久・鶴田宏樹

登壇者

長廣　剛　神戸大学産官学連携本部 特命教授[1]

進藤宏行　神戸大学産官学連携本部 特定プロジェクト研究員[1]

オーガナイザー

玉置　久　神戸大学 V.School スクール長・教授

　価値創造スクエアは価値創造を表す図式のようなものである。「期待」から導かれる「課題」を遂行することで得られた「結果」が「満足」をもたらすことで価値が生まれる。得られた「結果」が「満足」をもたらすためには、「課題」と「結果」の組み合わせが現実の社会に実装されることが必要となる。ここでは、大学で生まれた技術が如何にして社会の「満足」につながっていくかについて、神戸大学の産官学連携本部の中に設置された超スマートコミュニティ推進室（SSC推進室）が民間企業と共同で進めてきた空調系実証実験の事例を中心に解説する。技術と社会実装の2つの視点を同時に議論することは、イノベーション、アントレプレナーシップなどについて理解しようとする学生にも参考になる事例であろう。AIスマート空調プロジェクトは、2018年ごろにスタートしたプロジェクトであり、神戸の三宮地下街の空調電力の削減を当初のゴールの1つとした。その結果、電力の60％を削減するという画期的なデータを叩き出し、

1　所属などは2022年10月のもの。

さまざまなメディアで報道された。国家プロジェクトや民間企業との共同研究・受託研究として事業を進めていきながら、イオン、阪急百貨店、横浜ポルタ、富山市庁舎、関西国際空港などで多くの実績を残すに至っている。今後、事業を継続するために会社の設立なども視野には入れている。技術開発自体を継続していくためには、現場でこの技術を実装できる人材、そして、技術をメンテナンスできる人材、そのような人材を育てることも視野に含まれていくだろう。最近では、リカレント教育、リスキリング教育と呼ばれる社会人教育も社会から求められる大学の機能の1つになっている。ここでは、価値の創造という文脈で大学が関わる技術の創出と実装、そして人材育成について考えてみる。

　新しい価値を考えるときの視点、これを「価値創造の着眼点」と名づけて考えてみよう。"22℃"という温度、この22℃という温度は、夏においては「涼しい」、しかし、冬の22℃は暖かく感じないだろうか。温度だけでなく、ある湿度を考えても感じ方は同様であろう。ここにイノベーションの「い」の字、イノベーションを"創新普及"（新しい価値を創出して、それを普及させる）と訳するとするならば、新しい価値を生み出す時の最初の一歩があるのかもしれない。数字で表すことができるものと数字には表れないもの、例えば"快適"性や"体感"温度など、未だ現在の技術で解き明かせないものがある。これを生物学的、医学的に解き明かせるかと言えば解き明かせない。この解き明かせないものをどうすればいいのかということも学問の1つになるであろう。人間は状況によって22度で涼しいと感じることも暖かいと感じることもできるとすると、"快適"性や"体感"温度などの理由を解き明かせないとしても、「どうすればできるか」は考えることができる。30℃の場所から22℃の所に行くと涼しいと感じ、10℃の場所から22℃の場所に行ったら暖かく感じる。つまり、"相対感"を与えれば、暖かい数値は作り出すことができる。数字そのものではなく、"相対感"である。この"相対感"がどの程度の温度差で生じさせるか、これをAIスマート空調と呼ばれる技術で実現した。「AIスマー

ト空調」という言葉を当たり前のように使っているが、「AI」と「スマート空調」とは違うものである。AIとは、膨大な情報を人が把握・利用できるレベルで解釈するための技術であり、スマート空調というのは、1つ1つのエネルギーをうまく移行させるための技術である。「AIスマート空調」は、これら2つの技術を一体的・統合的に動かしていくための新しい技術である。実際の設備の概略を図1に示す。温度計で計測して空調機器をコントロールしているのだが、これまでは、神戸三宮の地下街「さんちか」では180mに2個しか温度計が置かれていなかった。そして、図の右側一番下の部分に開放部分があり外部まで空調していた。その1個上、2階には開放部を持たない完全な室内を対象とする空調システムがあった。さらに、左上にあるのが半屋外で開放部を一部持つ。このような建物は他にも多く見られるが空調システムは同様であり、温度計の温度が何度になるように冷やす、あるいは暖めるというのが現在の空調設備の考え方であった。しかし、この考え方では、不特定多数の人間が利用する施設、つまり空調負荷となる人間が何人いるかわからないような施設の空調について量的視点を持って設計することは根本的にできなかったのである。三宮駅に南側に伸びる「さんちか」のような地下街となると、そもそも設計基準やノウハウがないというのが現在の建築設備の設計基準に関する問題なのである。しかし、ここに発想や創造の着眼点がある。つまり、見えないもの、表現できないもの、皆ができなかった、あるいは定量的に定められなかったもの、これを1つずつ解き明かしていくことが重要となる。それを可能にするのは、民間企業でも可能であるかもしれないが、学問に基づく大学での研究開発こそが有効となるである。

　「さんちか」での研究と実証では、AIとIoTを用いて空調における新理論「さんちか」を考案した。この新理論とは、「人流」と「気流」の2つの"流れ"に着眼したものである。これまでは、1つの温度計に対して「ある温度」になるように空調を稼働させるだけであった。そうではなく、人の流れの影響を加味する、つまり、「この人達は空間の温度をどれぐら

い変えていくか」ということを取り入れた。人の行動、例えば、座っているのか立っているのか、運動しているのか、行動によって体感温度が異なるはずである。そして、前述した温度の"相対感"、どこからどこに流れたら（移動したら）どれくらい暑いと感じるか、あるいは寒いと感じるか、この"相対感"も人の流れで変わる。この「人流」という考え方はこれまで、空調システムの設計には考慮されていなかった。次に「気流」というものについて説明しよう。熱の移動を考えてみる。古い風呂焚き器ではお風呂を沸かすと上下で温度差ができる。これは空気でも起こる。一般の建物で、その現象があまり起こらないのは、通常は空気を循環させているからである。どの程度循環させているか言えば、6分に1回、空気を全部入れ換えるのである。そうすれば、温度差はできない。しかし、「AIスマート空調」では、わざと温度差をつけ、その温度差を利用するのである。「人流×気流」をベースにした空調理論、これが新理論「さんちか」である。

　「人流」や「気流」を計測する方法が「スマート空調」の技術であり、得られた計測結果から求められる空調を予測することが「AI」の技術となる。一般の建築設備では、照明の高効率化、機器の高効率化、配管の効率化、いろいろな対策を行うことによって計算上では30％程度のエネルギー削減が見込めるというのが、それが従来技術の限界となる削減量であった。それに対して、新しい理論に基づく技術は、場所ごとの人の量の違い、そして、場所ごとの温度の違いを考えることを基礎とすることでこの限界を超えることができた。その「違い」を具体的に説明すると、例えば、足元の高さと顔の高さでは温度が違う。その差はどれくらいかといえば、足元が26℃で顔のあたりが29℃であれば3℃の違いが存在する。空調というのは温度差を10℃つければ十分な効果をもたらすので、顔のあたりを快適な温度にするためには、差をつけるべき10℃のうち3℃の違いがすでに存在しているので、10分の3のエネルギー量を削減できる、つまり30％のエネルギーをさらに下げることができるのである。違う観点

AI-Smart空調を構成するシステム

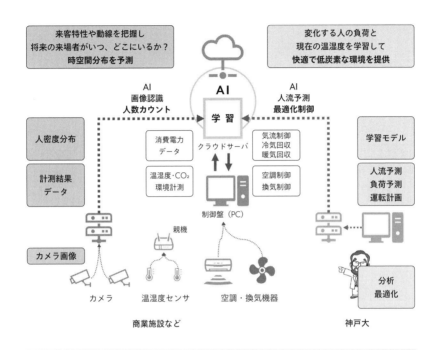

来客特性や動線を把握し
将来の来場者がいつ、どこにいるか？
時空間分布を予測

変化する人の負荷と
現在の温湿度を学習して
快適で低炭素な環境を提供

AI
画像認識
人数カウント

AI
人流予測
最適化制御

AI
学習

人密度分布

計測結果データ

消費電力データ

温湿度・CO_2環境計測

クラウドサーバ

気流制御
冷気回収
暖気回収

空調制御
換気制御

学習モデル

人流予測
負荷予測
運転計画

制御盤（PC）

カメラ画像

親機

カメラ　温湿度センサ　空調・換気機器

分析
最適化

商業施設など

神戸大

AI-Smart空調のマイルストーン

調査・分析
・空調特性
・時期別年間消費量
・既存設備
・実負荷計算・計測
・時期別エリア別
　室温

仮説立案・実証
・仮説立案
・センサ設置
・仮説実証
・効果分析・
　効果試算
・導入ロジック設計

実施設計・導入
・既存改修計画
・計測計画
　（温度・人流）
・制御ポイント計画
・制御ロジック設計
・工事・導入・実証

運用・最適化
・パラメータ補正
・試運用・運用改善

・効果分析×最適化
・予測計画則補正
・制御ロジック補正

Smart 空調ロジック

Innovation
1 人流予測による空調量調整

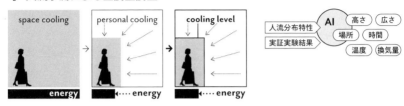

人がいる時空間に必要な温度と量の熱を供給
※温度：室温×Sa温度×Cs温度×CDs温度＆⊿t 　※量：風量×水量＆エネルギー最少

Innovation
2 空調空気の再利用

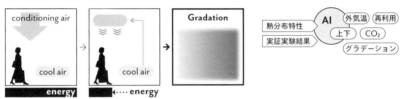

気流を利用した熱移流による AHU 運転台数制御

Innovation
3 開放部からの外気制御／利用

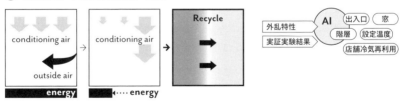

目標室温の差異を利用した熱移流による AHU 制御

図1　AI スマート空調の全体概要

の「違い」を考えてみる。地下街のある時間とある場所における人口密度、つまり「時間・場所の人の粗密」にも「違い」がある。人がいるところでは空調する、いない場所は空調しないようにする、それぞれが同じ面積であるとするとエネルギー量は半分になる。この2つは、空調としてはこれまでにない発想なのである。人がどの時間、どこにいるか、そして温度差がどうなっているかを多くのセンサーで計測することで、非常に高効率な空調を実現したのである。

　この「さんちか」での成果が広く知られるところとなり、現在日本の26カ所で導入が進んでいる。この状況に至る中で大学は何をしたのか。それは価値の創造である。世の中は新しく生まれた技術を簡単には取り入れてはくれない。「どこかに実績ありますか？」と必ず聞かれるだろう。価値創造スクエアで考えると、エネルギーを削減したいという「期待」から「課題」が設定され、この場合では「AIスマート空調」という技術という「結果」が生まれる。「結果」が「満足」を導くかどうかは、本当にその「結果」が「期待」に応えるものかどうか、ここに疑念が生じるのである。しかし、生まれたばかりの技術に実績があるはずがない。そこで、大学が「実験的」に実装を行うとまずみんなが「結果」を体験することができる。その「結果」が良ければ「満足」につながるために、この技術を導入するきっかけが生まれる。そして、価値創造スクエアの図式通りに、新たな価値が生まれる（あるいは、新たな価値に気づく）ことになる。これが大学による価値創造の1つだといえよう。さらに、大学はどんな役割を担う必要があるだろうか。新しく生まれた技術は、さまざまな状況に適用するためにさらにカスタマイズされ、人々に運用される。そして、運用する人材と技術の導入計画、どのように事業を進めていけばいいのかという事業計画、このようなことが行われていくはずである。ここで問題となってくるのが人材となる。開発する人、設計する人、運用する人、事業として成り立たせていく人、こういう人材が必要となる。大学が社会から求められる機能は、このような人材を育てていくことにある。神戸大学

カーボンニュートラル推進本部 先端スマート技術研究開発センターでは、この「AIスマート空調」を核としたイノベーションの創発から社会実装、事業化、これらの場と、その場に必要な知識を持った人材の育成を担い、自立循環するエコシステムをつくっていくことを目標として設置された。

　ここで、少し背景的なところに視点をおいて議論を進めてみる。今、巷で聞かれるカーボンニュートラル、脱炭素社会を目指した世界をつくっていこうという観点でいくと、空調分野は膨大なエネルギーを使うので削減対象としてとても重要となる。その理由を考えてみる。一般的に使われている施設・建築物には、見えない所にさまざまな設備が隠されている。特に、大きなビルのような業務用建築物では、エネルギー源は「熱源系」と「空調系」に分けられる。業務用建物では各部屋個別にエアコンをつけるよりも、ビル全体として、たくさん熱をつくって使うと効率が良いので大きな「熱源」が設置されていて、その熱で空調を行うのである。それ以外にも照明に使うエネルギーもある。業務用建築物の中で一般的に唯一目に留まり、省エネのために無駄な照明を消そうというのもエネルギー削減の1つの手段であろう。この照明用エネルギーは近年のLED化が進み、現在は消費効率が非常に上がっている。また、壁などに設置されているコンセントを経由したエネルギーは、家庭であれば家電製品やテレビなどで消費されるが、事務所ビルだとパソコン、プリンター、そういったものに使用される。それ以外にも給湯、換気、エレベーターなどでも、もちろんエネルギーは消費される。しかし、空調に要するエネルギーはそれらに比べても大きく、業務用建築物では消費量全体の45%とおよそ半分近くになっている。この空調というものに着目して、消費エネルギーを削減することは、カーボンニュートラルというスローガンにおいては非常に意義があるといえる。

　建築物のライフサイクルを考えたときに、二酸化炭素を排出しているのはどの段階なのかを考えてみる。例えば「建築物」の一生にはどんなものかを考えてみる。建築物が生まれるときには、やはりまずは設計から始ま

るだろう。設計するときにも、紙を使ってもパソコンを使っても二酸化炭素が排出される。そして当然であるが人が動けば二酸化炭素が排出される。その後、建築物が現実に作り上げられるだろう。建築するためには重機も使うし、部材を製造する段階でも二酸化炭素は排出される。そして、日常的にその建物が持つ機能を運用する段階でも二酸化炭素は排出される。建築物の一生も人間と同じように歳を重ねていくと徐々に不具合が生じてくるだろう。少し壁紙がはがれたり、ドアのヒンジがギリギリと鳴ったりなど、毎日のように修繕する必要が生じてくる。改修工事、建物、コンクリートの躯体だけで考えると100年もつような建築物なので、その間にいろいろとガラリと設備を変えるということもありえるし、最終的には解体する場合もあるだろう。そういったプロセスにおいても二酸化炭素は排出されることとなる。少し古いデータに基づく説明にはなるが、建築物の一生で排出される二酸化炭素の半分以上の65%が建物の運用段階で排出されているという事実がある。建物の50%のエネルギー消費構成は、建物の一生でみても65%を占めているのである。建物の一生の二酸化炭素排出という観点から考えても、日常の運用面で二酸化炭素の削減には、非常に大きな意義があることが理解できよう。

　日常の運用での二酸化炭素排出を減らすためにどのようなことが行われているかを紹介する。大きな事業用の建物であると、中央監視室や防災センターなど、名称は異なるが設備機器を集中コントロールできるような場所がある。特に、2008年か2009年頃に、国の省エネに関する法律が改正され、施設における集中管理による省エネ化の必要性が広がった。そして、2011年の東日本大震災の影響で、東京方面ではオイルショック以降で初めて電力使用制限令が発令された。そのようなこともあり、少しでも省エネしようという機運は高まってきたのである。そして、これからカーボンニュートラルを実現していこうという世界的な流れの中で、世の中を見てみるとまだまだ頑張って省エネできる余地はあるのではないかと感じることが多いのではないだろうか。事業用建物の中央監視室や防災センター

設備管理員の方々は、一生懸命努力している。しかし、彼ら自身も「空調系」すべて隅々まで省エネに対して効果を生み出せるかという全体把握は難しい。前述した「AIスマート空調」の技術はこの問題も解決できるものであるが、これまではその導入も難しかった。しかし、近年、IoT技術の進化でセンサーがどんどん小型化して安くなっていき、今まで測定してこなかった用途にも活用できるようになってきたのである。「AIスマート空調」を取り巻く技術の進化が起こったことによって、ビル全体を俯瞰することが可能になり、大きなエネルギー削減が実現できる可能性は高まってきたのである。

　建物の二酸化炭素削減を考えるときには、設備機能の高効率化ももちろん大切であるが、無駄を徹底的に排除していくという考え方も非常に重要である。技術の発展によって、エネルギー削減の「可能性」は高まってきた。しかし、それを実装していくためには、前述したように「結果」が「満足」につながるという「実績」が必要である。神戸大学産官学連携本部SSC推進室による大学主導での実証研究では、「さんちか」のエネルギーを40％削減、50％削減していき、着実に技術の「可能性」を詳らかにしてきた。実験段階では、センサーをさまざまな場所に設置して、教員と学生や共同研究者が現場で汗をかきながら、試験を行なってきたのである。写真1では、棒を持っている女性が写っているが、この棒にはかなりの数のセンサーが付いており、手の届かない所でも温度を測ること

写真1　センサーのついた棒を持つ女性

ができる。そして、下に車輪が付いているので、移動しながら水平方向と垂直方向の温度分布を測ることができる。この歩行計測器を用いて、天井高が３ｍある場所で実際に計測してみると、人の身長あたりでは、20～22℃とある程度ムラがあるものの、おおよそ22℃で一定になっていた。一方で、天井近くではさらに高い温度になっていた。我々の身長は３ｍもないので、この部分は温度が高くても問題がないと考えることができる。空間の全てを22℃にするのではなく、この温かい部分を残しておくことは、エネルギーの消費量に大きな違いを与えることになる。極端に言えば、低い位置でも人がいなければ温度が高いままでよいはずである。これが前述した「時間・場所の人の粗密」の"違い"という観点である。しかし、このような斬新な考え方に基づく技術というのは、「実績」がないと「満足」を導くと分かっていても実装に至らないのが現実である。知を創出する大学という研究機関がこのような計測結果を社会に示し、「満足」への可能性を伝えていくことが大切である。

　神戸大学産官学連携本部SSC推進室では、環境省の委託実証事業として地下鉄の駅を対象として、将来的にはカーボンゼロの駅を実現するためのプロジェクトも実施した。「人流」や「気流」の考え方に電車という移動体をさらに考慮に入れたエネルギー削減に挑戦したのである。電車が駅構内に入る前と立ち去った後では、線路周辺の温度が大きく変わる。線路の上を大きな鉄の塊が走ることによって摩擦熱が発生するのである。これだけの熱が空間の中に生じるのである。冷房の機能を高めても、３分おきに電車が駅構内、上りにも下りにも入ってきたら、３分ごとに発熱して温度が高くなっていく。電車の中は非常に涼しいが、電車自体が発熱体になっている。そして、そもそも鉄道の駅では、エレベーター、エスカレーターなどの構造物があり、あちこちで発熱している。従来は、これらすべてを含む空間全体を空調しようとしてきたが、「人流」と「気流」の観点から考えて、それらを冷やすことは本当に必要なのだろうか、電車を降りる人はすごく涼しい電車内から出て、ごく短時間で駅を抜けて外に出る。

電車に乗る人も、外から入ってきて数分で涼しい電車内に入る。すなわち、空間全体を冷やすという考え方自体を転換するべきであり、もっと人そのものにフォーカスして、空調の範囲を少しでも狭めることでも十分となる。例えば、駅構内でベンチや自動販売機がある辺りは人が集まりやすい所であるが、ここでは冷たい水を気化させながら風を当てる。打ち水して蒸発潜熱で冷たくなった空気を外に出していき、この周辺にいる人達だけを冷やすというものである。また、外から歩いて来て喉が渇いた人が自動販売機に来た時だけ冷たい風を当てる。このように空調空間というものを、人を基準にしてすごく狭めることでエネルギー削減を実現できるというシステムの開発に至ったのである。このように、新しい概念「人流」×「気流」がさまざまな空調分野へ適用され、カーボンニュートラルの実現につながっていく。

　V.Schoolサロン「AIスマート空調から始まる社会変革と社会実装における新たな大学の役割」ではAIスマート空調についての技術の詳細について紹介され、開発された技術的価値についての議論も活発になされた。そちらについてはサロンのデジタルアーカイブなどを参照していただきたい。「AIスマート空調」の開発と実装を価値創造スクエアに照らし合わせて今一度考えてみる。「エネルギー削減」という「課題」が与えられた時に技術の組み合わせ、今回の場合にはAI技術と効率的な空調技術であるが、これらを組み合わせて「さんちか」を舞台にして60％のエネルギー削減という「結果」をもたらした。エンジニアにとってみると、自らの能力やスキルが課題解決につながったという大きな喜びを感じるものであろう。しかし、技術というものは、優れたものであっても「ユーザー」とユーザーの向こう側にいる人々（ステークホルダーと表現すべきだろうか）に「満足」を与えるのものでないと、導入されない場合も多い。神戸大学産官学連携本部SSC推進室の取り組みから感じることは、カーボンニュートラルという目標は、あまりにも抽象度は高いことから、人々の「期待」がそこに含まれているかどうかは曖昧である。しかし、「さんち

か」や駅構内などの生活空間の"快適性"や"体感性"というものは、その建物に備えられた機能によって、ユーザーである建物の訪問者にもたらされるものである。そのユーザーは、感じた"快適性"や"体感性"を次回の訪問時にも「期待」するだろう。そして、「AIスマート空調」の機能から「満足」を得るはずである。つまり、AIスマート空調が人間の生活空間に価値を提供する"手段"となりうる。しかし、人々の生活空間に価値を直接提供する業務用建物の運用担当者は、その手段が確かに「満足」が得られる可動化の確証がない限り、その技術を実装することはない。「課題」をこなして「結果」を得る。このことは企業での技術開発や大学の工学系の研究が強みを発揮するところであろう。しかし、カーボンニュートラルやレジリエンス、ウェルビーイングなど遂行すべき社会課題が存在するこれらの社会においては。社会や人の「期待」を感じ取って「課題」を設定し、「結果」を得る。そして、その「結果」が社会や人にとって満足をもたらすものなのか、これを実証することが重要視されていくだろう。そして、「期待」を知って問題を認識する、そして得られた「結果」を検証して、その効果を広めていく、これにより、企業などが技術を導入するハードルを下げる。そして、社会に価値が提供されていく。この「満足」に対する検証もまた、これからの大学の新たな役割になるのかもしれない。

未来社会とエネルギー

祇園景子

登壇者

西山　覚 神戸大学大学院工学研究科 教授・
再生可能エネルギー社会実装研究センター センター長

川浪　陽 Hawaiian Electric Industries, Inc. Director

祇園景子 神戸大学 V. School 准教授

はじめに

　環境問題の解決や持続可能社会の実現に向けて、カーボンニュートラル社会に着目した取り組みが世界的に活発化している。これまで私たちは化石燃料を利用してエネルギーを生産してきたが、これからはエネルギーの生産・輸送・貯蔵・使用の方法が変わり、それらの新しい方法を使って社会活動が行われるようになっていくだろう。このような中、アメリカ・ハワイ州は輸入の化石燃料の依存から脱却するために、2045年までに再生可能エネルギーの普及を100%に到達させるという法案を2015年に可決して、その目標に向かってさまざまな取り組みを積極的に進め、目標を前倒しで達成している。ここでは、カーボンニュートラルや再生可能エネルギーの課題を理解し、ハワイ州の電力生産を主に担っているHawaiian Electric Industries, Inc.（ハワイアン電力）がどのような戦略でエネルギーシフトを実現しているのかを学びながら、私たちの未来社会におけるエネルギーについて考えていく。

地球上の二酸化炭素量と人の二酸化炭素排出量

　カーボンニュートラルや二酸化炭素排出削減については、パリ協定のころから議論されている。世界の平均気温は上下にジグザグに動きながら上昇傾向にあり、このままいくと産業革命以前の19世紀初頭ぐらいと比べ、2100年には4.8度の上昇になる。海面の上昇やシベリアの氷晶の溶解などいろいろなことが起こって、病気のまん延も含め大変なことが起きると言われている。イギリス・グラスゴーで開催された国連気候変動枠組み条約第26回締約国会議（COP26）では、気温上昇幅を1.5度に抑えることが合意された。ただ、二酸化炭素の排出量削減の道のりは簡単ではなく、一人あたりの収入が増えると二酸化炭素の排出量は増える傾向にあり、人口のとても多い中国やインドの経済発展が進むと、二酸化炭素排出量は減少どころかますます増えていくことは予想に難くない。

　地球全体の炭素の量は9京トンで、そのうち8,000億トンが大気中にある。2007年時点では、その濃度は380ppmであったが、2021年に発表されたデータによると400ppmを超えている。この大気中の8,000億トンに対して、人間が化石資源を使って排出している二酸化炭素量は60億トン、陸上の動植物の呼吸による排出量が30億トンで、8,000億トンのうちの1%程度は人間が出していることになる。ただ、この1%が多いのか少ないのかということは、人によって感覚が違うだろうが、産業革命前はこれが全くなかったことを考えると、とてつもなく多いと言えるかもしれない。しかし、大気中の二酸化炭素量がそれほど急激な増加につながっていないのは、植物による炭酸同化作用によって二酸化炭素を固定化していることが挙げられる。また、大気中の二酸化炭素量が増えることで分圧が高くなれば、水などへの吸収も大きくなるので、これらがバッファ機能として働いていると言える。ただし、このまま二酸化炭素排出量が増えていくとバッファ機能が働かなくなって、カタストロフ的な二酸化炭素量の上昇になる可能性はかなり高いだろう。したがって、今はギリギリの状況で踏

みとどまっているとも言えるかもしれない。

　日本の二酸化炭素直接排出量は、2020年度のデータによると、10億4400万トンという、これも想像がつかない量である。分野別に見ると、エネルギー転換部門、いわゆる熱と電気をつくる部門が約40％、産業部門・工業部門で25％、運輸部門の自動車・船舶・飛行機などが20％弱で、全部合わせると80％をこれらの分野で排出していることになる。8割は物を燃やしてエネルギーに変えることによって出しているということになり、二酸化炭素排出量の削減の観点から、これを何とかしていかなければいけないということになる。2012年のデータでは、日本の二酸化炭素直接排出量は12億8000万トンなので、排出量を減らしていることが分かるだろう。日本の2030年の温室効果ガス削減目標は2013年度比の46％だが、現在それに向かって着実に減らしているという段階である。最も二酸化炭素排出量が多いと言われている石油の消費の内訳を見ると、火力発電も含めた熱源に約40％、動力源である船舶・車・飛行機に約40％で、いずれも石油を燃やしている。二酸化炭素排出量のほとんどが燃焼反応で出てくるものなので、消費している石油の約8割が二酸化炭素として排出されていることになる。ただ、ここで注意しておきたいのは、私たちは燃焼と関係なく、石油を素材としても使っているということである。石油の使用量を下げると、樹脂や高分子、ゴムなどを製造できなくなることが1つ大きな問題となる。

再生可能エネルギーとその課題

　目指すべきは二酸化炭素排出フリーであり、二酸化炭素レスのエネルギー体系である。電力・熱・動力のエネルギーソースで言うと、再生可能エネルギーの太陽光・風力・地熱であるが、これをすべて国内でまかなえるだろうか。太陽光や風力による電力は一部では十分使えるが、そのエネルギーの生産や供給の体制には課題がたくさん残っている。現在の一般的

な電力供給は、大規模集中型の発電所をつくって供給しているが、再生可能エネルギーで供給する場合、大規模集中型でやるのか、あるいは小規模オンサイト型でやるのかということもまだ結論は出ていない。ただ、現在の電力供給システムを利用しようとすると、大規模集中型のシステムを構築していかなければならないことになる。再生可能エネルギーは基本的にはオンサイトで、つくったところで消費するのが最も効率が良いので、これを大規模集中型に適応していくためにはどうしたらよいのかが非常に大きな問題になる。

　再生可能エネルギーの一番大きな問題は、需要変動にどうやってフレキシブルに対応できるシステムにするのかということである。普段の生活で使っている消費電力の1日の変動は、真夜中の丑三つ時が一番少なくなり、朝になると消費量が増え、お昼休みで少し減り、また夕方で増え、夜になると減っていくというパターンになる。

　電気は溜めておくことはできないので、需要に応じて発電する必要がある。電気を直接溜める方法は、基本的にはコンデンサーしかないと言われている。溜めようとすると電池があると考えるかもしれないが、電池は電力エネルギーを化学エネルギーに変換して溜めているだけなので、電気で直接溜めているわけではないということになる。

　電気を溜めることなく、消費電力の変動に対応できるのは、石油、LNG、LPG、その他ガス、石炭による発電である。つまり、火力発電がないと人間の生活に供給電力を合わせられない。北海道は再生可能エネルギーの発電が盛んな場所で、太陽光発電や風力発電が非常に盛んに行われているが、胆振東部地震の際に稼働しなくなった火力発電を再生可能エネルギーでは補完できず、数日間にわたるブラックアウトが続いたという状況になった。また、原子力発電は出力が一定であり、変動対応には不向きである。

水素エネルギーとその課題

　再生可能エネルギーは非常に不安定なエネルギーソースだから、何かで
エネルギーとして蓄えるか、あるいは違うソースを利用する必要がある。
そして、一番多く利用されているソースが水素になってきている。もちろ
んアンモニアもソースとして考えられているが、アンモニアは水素からつ
くるので、結局、水素を二酸化炭素フリーの再生可能エネルギー由来のエ
ネルギーを使ってつくらなければいけないということになる。

　水素は代替エネルギーの最も有力な候補の1つで、実証試験が進んでい
る。オーストラリアの東海岸で褐炭を使って化石燃料から水素をつくり、
日本に運んで来るというものである。現在は神戸ポートアイランドに積み
上げ港がつくられ、運んできた水素を使って発電して電気を供給する試験
が行われている。再生可能エネルギーを活用しようとすると、そのエネル
ギーを貯蔵し、運搬するためには、水素などの媒体への変換が必要である。
これにより、外国から石炭や天然ガスの輸入が避けられず、エネルギーセ
キュリティーの観点からも課題がある。

　水素の確保ができたとしても移動のためのエネルギー源の問題が残る。
今のところは、移動のためのエネルギーを電動化することが解の1つと
なっている。自動車は電動化が進みつつあるが、長距離輸送の典型的な移
動媒体である航空機の電動化は技術的に現状困難である。燃料電池車は二
酸化炭素排出量をガソリン車に比べて減らす可能性があるが、その効果は
使用する燃料の種類に大きく依存する。天然ガス由来の水素では、ガソリ
ンのハイブリッド車と二酸化炭素排出量があまり変わらない。カーボン
ニュートラルな水素の使用が重要であり、電気自動車も同様に、石炭火力
で生成された電力を使用するとその環境メリットは限定的となる。蓄電池
の主要資源であるリチウム、コバルト、ニッケル、銅は、中国、チリ、コ
ンゴ、インドネシア、ロシアといった特定の国に集中しており、電気自動
車への移行に伴う需要増加がエネルギーセキュリティーに新たな課題をも

たらす。化石燃料から鉱物資源への依存への切り替えは、根本的な問題解決にはならず、電池技術に対する期待を複雑化させている。

　電気自動車が二酸化炭素フリーかどうかについては、生産から廃棄まで考慮すると、走行中の排出量がほとんどないものの、部品の原材料の生産時の燃料に火力を利用しているために、たくさん二酸化炭素を排出している。結果的に、現在の技術では、長期間にわたる全体の環境影響はガソリン車と大差ないという分析がある。ガソリン車を電気自動車へ移行するだけでは何の改善にもならず、電池リサイクル技術の向上や、火力発電以外のエネルギー源への転換など、総合的なシステム変更が必要とされている。

石油の消費量削減に伴う課題

　石油の消費量が4分の1になると、石油の生産量も当然4分の1になる。そうなると、採掘にかかるコストがアップし、石油を含む化石資源の値段が高くなる。我々が現在使っている樹脂やプラスチック類の原材料の高騰につながるということを一緒に考えていかなくてはならないだろう。

　神戸大学の西山と荻野の研究グループと産総研がNEDOプロジェクトで協力し、化石資源の代わりにバイオマスから化成品を生産する研究を行っている。具体的には、ヤシ油を絞った後の空果房を利用し、これを固形化するか、水と反応させて水溶性バイオオイルを生成する。このオイルから芳香族化合物やエチレン、プロピレンなどの化学原料を作ることを目指している。しかし、このプロセスでの課題は、原料に水分が多いことであり、これを解決するための研究を進めているところである。

ハワイの再生可能エネルギーの取り組み状況

　ハワイは気候変動による影響に対して危機感を持っている。特に、海面上昇のリスクを抱える島国として、自立した電力供給の必要性を感じてい

る。ハワイアン電力は「Climate Change Action Plan」を発表し、2005年の基準から2030年までに二酸化炭素排出量を70%削減し、2045年には再生可能エネルギー100%達成とネットゼロカーボン排出を目指すとしている。現在38%が再生可能エネルギーで、その大部分が太陽光発電である。屋根のある一世帯住宅を見れば、32%はソーラーパネルを導入している。分散型では最大レベルの導入率である。また、テスラ、リーフ、BMWなどの新しい電気自動車の普及が進んでいる。分散型太陽光発電を導入している人の約9割は、この2〜3年で蓄電池も導入している。

　1つだけ稼働していた石炭火力発電所が2021年9月に引退し、ハワイでは石炭を輸入していない状況になった。2030年までに、さらに6つの火力発電所を引退させる予定である。そして、9つのメガソーラー＋蓄電池のプロジェクトが進んでいる。これらのメガソーラーのプロジェクトがここ2、3年に全部導入される予定で、再生可能エネルギーの割合がさらに増加する見込みである。さらに、地熱エネルギーの拡大、洋上風力発電の可能性も探っている。電気料金の上昇を避けながら再生可能エネルギーの推進を目指しており、コスト削減を模索している。2010年の再生可能エネルギー導入率は9%であったが、現在は38%に増加し、2030年までに70%に達することを目標としているが、進行中のプログラムによりそれを前倒しで達成する可能性が高いと考えられている。

ハワイの太陽光発電の普及

　2011と2012年に急激に分散型ソーラーの導入が増えたが、これは電気料金の高騰とオバマ政権下での再生可能エネルギーへの税制優遇措置によるものである。その結果、現在では9万3000世帯、屋根がある家の3分の1がソーラーパネルを設置している。「Climate Change Action Plan」では、これをさらに8年以内に5万世帯に増やす計画だが、これには新たなプログラムやインセンティブ必要である。電力会社がソーラーパネルの

オーナーシップを持つことで、購入できない家庭にも太陽光発電を提供する可能性があるだろう。

　シェアードソーラーは、屋根がない人たちが太陽光発電のメリットを享受できるプログラムで、空き地にメガソーラーを設置し、そこへの投資を通じて太陽光発電を導入したかのような利益を得られる仕組みである。このプログラムはカリフォルニアで始まり、ハワイでも実施されているが、導入の難しさとコスト効率の問題が課題となっている。

ハワイの太陽光以外の電力

　バイオマスとしてごみ焼却による発電も行っている。もちろん二酸化炭素を排出することになるので、100％のカーボンニュートラルを目指している観点から、さらに再生可能エネルギーを導入する必要がある。2012年から稼働していた地熱発電は、2018年の火山噴火により溶岩で覆われて停止したが、2021年に部分的に、2022年にはほぼフル稼働で復旧した。「Climate Change Action Plan」では地熱発電の拡大を目指しており、マウイやオアフ島にも地熱発電の可能性を探る研究が進んでいる。さまざまな取り組みの結果、2008年以降、ハワイでは石油使用料を25％削減できた。

ハワイにおける再生可能エネルギー普及を促す取り組み

　ハワイには産業が少なく、電力需要は主にホテルや住宅である。日本でも時々、電力不足になると節電の協力を促すデマンドレスポンスがあるが、ハワイ電力では3万世帯の給湯器を制御している。ピーク時に給湯器を一時停止するシステムを運用している。デマンドレスポンスのシステムを普及して、将来的にはマイクログリッドレベルでの分散型エネルギーマネジメント目指している。

ハワイアン電力は、電気自動車の普及を支援するために急速充電器を大量に導入している。これは、充電インフラの拡充が電気自動車の安心感と利用拡大につながると考えられているためである。当初は市場に任せるべきだとの見解もあったが、マーケットが育たなかったため、ハワイ州政府はハワイアン電力による急速充電器の増設を承認した。これにより、運輸と交通のカーボンニュートラル化を進める方針である。ハワイでは、現在の電力が38％を再生可能エネルギーから得ており、今後2年以内に50％から60％に増加する見込みである。これにより、電気自動車の充電に再生可能エネルギー由来の電力で対応できることになる。昼間の太陽光発電の時間帯に充電することを促す電気自動車充電プログラムを検討している。

ハワイで見えてきた今後の課題

　太陽光や風力などの再生可能エネルギーは天候に依存するため、不安定な「Variable」とされ、一方で水力や地熱、水素は安定した「Fixed」エネルギー源と位置付けられている。「Fixed」がどれくらいの比率で必要なのかを検討する必要がある。特に、水力の利用が難しい沖縄やハワイのような地域では、安定したエネルギー供給の確保が課題となる。さらに、世界の目標が再生可能エネルギー100％への移行からカーボンニュートラルへシフトしたことにより、建設中だったバイオマスの火力発電所が止められてしまう事態も発生し、「Fixed」エネルギー源の確保は大きな課題である。

　ソーラーパネルや蓄電池は約20年の使用寿命があり、その後の1000や2000メガワットのソーラーパネルと、それに対応する蓄電池が廃棄されることになるため、これらを効率的にリサイクル必要がある。

　電力会社の従来のモデルは一方通行で、発電から送電、そして消費者への販売までが一連の流れであった。つまり、消費者を平等に扱えれば全く問題はなかった。しかし、個人が太陽光発電などの分散型エネルギーを導

入することで電気料金を削減できるようになった。一方で、ハワイアン電力は送配電の維持などの一定の費用が必要である。このままソーラーパネルを導入する人たちが増えると、ソーラーパネルを持っていない人たちが、持っている人たちの電気料金を補填することになり、これからは平等というのではなく、どのように公平な料金設定を行うかが課題となってくる。そして、この課題に対する解決策はまだない。

　いろいろな課題があるが、再生可能エネルギーは電力供給の主軸であり、特に限られた土地資源を有効活用することが課題である。特に太陽光発電は平地に設置されることが多く、その土地が農業や住宅建設に使われる可能性もある。このような状況の中で、どのようにしてメガソーラープロジェクトを進めるかは、ステークホルダー全員を巻き込んでの議論が必要であり、非常に難しい課題である。9つのプロジェクトのいくつかが遅れている要因はそこにある。オアフ島におけるメガソーラープロジェクトは日射量の多い西海岸に集中している。この地理的条件と住民の反応（西海岸ばかりでなく他の地域にも設置すべきという声）により、プロジェクトの立地選定に関するコミュニケーションが重要な課題となっている。

　現在の電力システムは一方通行ではなくなり、電力系統も再構築しなければいけない。新しい取り組みを進めながらも、常にスイッチを入れたときに電気はつかなければいけないことが求められる。完璧な選択肢はないということを認めつつ、もっとも重要な選択肢を選びながら前進していく必要があるだろう。

社会問題の解決と多様性の理解
～協力、共修、共創～

鶴田宏樹

登壇者

柴田明穂 神戸大学大学院国際協力研究科 教授

黒田千晴 神戸大学V.School 協力教員・大学教育推進機構グローバル教育センター 准教授

村山かなえ 神戸大学大学教育推進機構異分野共創型教育開発センター 特命講師

オーガナイザー

鶴田宏樹 神戸大学V.School 価値創発部門 部門長・准教授

　バリュースクールというところは、さまざまな知が集まり、混ぜ合わさる"場"であり、"鍋"であり、そこから新しい価値が生まれてくるきっかけ、気づきが生まれてくることを期待されている。何かが集まり、共に新しい何を創っていく、あるいは共に学び、新しい何かを身につける。現在は、さまざまな問題や課題に対峙するにあたり、この"協力"、"共創"、"共修"といった行為・行動が求められている時代なのではないかと感じている。本節では、V.Schoolサロン「社会問題の解決と多様性の理解　～協力、共修、共創～」での議論を基にして、社会問題に対する知識や人々の繋がりの重要性と興味深さについて考えてみる。

　バリュースクールでは、数学、システム学、工学、経営学、経済学、生物学、文学を含むさまざまな専門の教員が集まり、価値創造という異分野共創の共通言語になるかもしれない一方で、非常に捉えどころのない言葉についてたくさんの議論を重ねてきた。その結果、その議論をさらに深めていく"たたき台"としての「価値創造スクエア」を考えた。価値創造

スクエアとは、「課題」をこなして「結果」を得ることが価値を生み出す、あるいは価値に気づくことではなく、その「課題」を設定する際に、解くべき問題の背後にある「期待」があり、「課題」から得られた「結果」が「満足」に結びつくこと、これにより価値が生まれてくるという非常にシンプルな概念である。価値創造スクエアには直接的に表現されていないが、「期待」からの「課題」設定、そして「課題」の遂行による「結果」の導出には、さまざまな知を集めて組み合わせることが必要とされる場合もある。複数の人間が持っている期待や関心といったものが共有され、さまざまな課題が設定されて満足につながる結果を生み出す。そのプロセスには、いわゆる“多対多”の「共創」関係があるといえる（玉置・菊池 2021）。我々が解決しようとする「問題」には、すでに解き方が分かっていて答えが導き出させるようになっている問題（良構造問題）と解き方と正解が与えられていない問題（悪構造問題）がある（サイモン 1979）。社会問題の解決や研究活動は、この悪構造問題を解くためには、多様な知識を解決者自身が集めて組み立てることが必要である。その際に複数の人間がそれぞれの期待や関心、価値観などを相互に理解・共有して、物事を考えていくということが求められる。

　複数の何かが関わっていく関係性に「協力」という言葉がある。神戸大学には、「協力」という言葉を含む研究科である「国際協力研究科」が存在する。“国際協力”の考え方から「協力」を考えていくことにする。「国際」とは、英語で言えば“Inter-national”であり、“national（国民、国家）”と“Inter”で構成される。“Inter”とは、「際」であるが「際」とは何であるか、そして国民・国家の「際」での「協力」とはなんであろうか。柴田教授は、国際法という法学の一分野を専門としている。国際法とは、国家と国家の間にある法律、国民と国民の間にある法律であり、文明諸国家相互間の関係において、国家行為を拘束する規則または原則の体系である。1960 年代において、国際法は大きな転換をしたと考えられている（Jenks 2012）。国家の共存（co-existence）から国家間の協力（co-operation）

を原則とするものに変化したのではないかという考えである。柴田教授の解釈では、当時は、ソ連を中心とした社会主義国とアメリカを中心とした資本主義国に分かれていた地球上において、それぞれに干渉せずにお互いがやれることをやっていこうとしており、国際法の役割はその棲み分けをするためといった消極的なものであった。しかし、平和の維持や人権保護、地球環境の保護といった地球規模のさまざまな社会課題に世界が対峙していく必要が出てきた1960年代以降には、国際法も社会主義と資本主義の棲み分けという役割に留まることは許されない状態になってきたのである。例えば、経済成長を促進させる取り組みを一国だけで行っていても限界はあるであろうし、先に述べた平和や人権、環境保護についても同様である。地球規模の共通の目的や目標を実現するために国際法もより積極的な役割を担うことが求められた。共通目標の国家間合意の手段の1つが国際法なのである。

　柴田教授は、国際法についての研究に携わってきた自身の経験から、「協力」ということについて以下のような視点を持っている。「協力」することによって多くの"掛け算"を経験してきたというのである。帰国子女であった柴田教授は京都大学法学部に入学し、法学研究者を目指すために大学院に進んだ。留学先のニューヨーク大学で国際法の研究に従事した。そこで、国際法には正当性（legitimacy）を超えた公正性（fairness）を求めるべきである主張に感銘を受け、南極条約にこの正当性・公正性の研究を展開することになった。1995年から岡山大学で教育研究に従事したのちに、2001年から2003年まで在ジュネーブ国際機関日本政府代表部に環境担当の外交官として赴任した。その期間以降も外務省からの要請で南極条約に関する外交官的な活動を継続することになった。その後、神戸大学国際協力研究科に着任し、北極の研究をおこなっている自然科学系教員からの声がけで、北極研究推進プロジェクトへ参画した。これによって、柴田教授の研究対象に北極も追加されることとなった。ここに多くの"掛け合わせ"が存在した。地球環境条約の1つに、生物多様性を守るための

条約というものがあり、その生物多様性を守るための条約の下に、生物多様性に危険をもたらす可能性がある遺伝子組換え生物を勝手に放出してはならないという条約もできている。その条約を考えるときに、放出してしまった場合には、生物多様性に損害を与えた場合の対応についての国際法もさらに作るべきだという議論もあった。柴田教授は国際法研究者であるが、この条約制定まではほぼ外交官としての役割を担ってきた。外交の実践を通じて、"国益"を達成するための各国の主張と"国際法の知見"を掛け合わせて、最終的に生まれてくるものが「法」となる。"国益"というものには、日本の国益、メキシコの国益、アメリカの国益という"外交的な国益"もあるが、"産業的な国益"や"環境的な国益"もある。柴田教授は、国際法研究者という客観的立場にいながら、各国の官僚との協力を通じて、各国のさまざまな利害関係を理解するに至った。遺伝子組換え生物に関する国際法の制定においては、日本の中で経済産業省は、今後の経済発展に資する研究開発活動に支障がでないような規制にしてほしいという望みがある一方、外務省や環境省に意見としては、世界的な遺伝子組換え生物に対するリスクが叫ばれている中で、しっかり対応するような姿勢を示す必要があると考えていた。また、自国の経済産業省や環境省の立場だけでなく、相手の国の同様の立場も知ることが求められる。状況を知り、理解する。それを通じて外交実践の目的である共通利益、基本的には生物多様性を遺伝子組換え生物から守るという共通目的のために、さまざまなものを"掛け合わせて"国際法を作っていくのである。このプロセスの詳細については柴田教授の著書を参照いただきたい (Shibata 2016)。柴田教授は、神戸大学において「極域協力研究センター」を主宰している。次に、柴田教授の研究活動から"掛け合わせ"の重要性について考える。柴田教授が体験した"掛け合わせ"には、「研究者」が重要であった。ある研究者との出会いがなければ、柴田教授は、南極と北極という極域に関わることもなかった。柴田教授は南極条約についての研究がライフワークであり、20年以上の長きにわたって研究に従事してきた。外交交渉を行っ

てきた6～7年間でさまざまな人々と会う機会があった。南極の現場観測に関わっている文部科学省の人々や国立極地研究所、南極には漁業資源があるので農林水産省の人々、外務省の人々との出会いがあった。そういった方々が集まるレセプションの後の非公式な会合で、「実際に南極に行くべきではないか」という誘いを受けた。国際法の研究者であった柴田教授は実際に南極に足を踏み入れたことがなかったのである。それなりに南極については知っているという自負から対抗心が芽生え、南極に行こうという気持ちが生まれた。その後、南極観測計画の立案を担っている国立極地研究所副所長の本吉先生が、国際法についての研究を観測計画に組み込むことを提案した。これにより、南極観測隊は自然科学的研究だけでなく、環境保全や南極条約を研究するためのプラットホームとして進化したのである。気象学や地質学、生物学などの学問に環境学や国際法学の学問の"掛け合わせ"が生まれたのである。2015年に南極と同じ極域である北極についての研究プロジェクトが文科省の補助金で始まる際には、自然科学と人文科学、社会科学が共創する学際的（interdisciplinary）なコラボレーションの基礎が出来上がっていたのである。そのプロジェクトの1期目は「ArCS Ⅰ」と名付けられていたが、自然科学的な研究の成果を人文・社会科学研究者が"実装"するというものであった。自然科学と人文・社会科学分野への繋がりは、「自然科学→人文・社会科学」であり、人文・社会科学の研究から自然科学の研究につながるものは特に意識されていないものであった。この2つの研究分野の間では、それぞれの関心の共有などの相互理解はあまりなく、複数の学問が"独立"して存在する域をでなかった。2020年から始まった「ArCS Ⅱ」では、国際政治学と国際法、文化人類学や経済学を専門とする教員が"平等"な関係で存在し、相互理解を前提とした"共創"体制が構築されたのである。研究の成果が生まれてくるのはこれからであるが、さまざまな学問が混じり合い、学問上での新しい価値が生まれてくる体制であることは間違いない。

　「共修」という言葉に関しては、黒田准教授と村山特命講師との議論を

基にして考えていくこととする。気候変動やエネルギー問題などの地球規模の課題は、我々人類に共通する課題として、人類の英知を結集して解決していく必要がある。しかし、社会問題が社会における矛盾や欠陥による脆弱性から生じているものであると考えると、何を矛盾や欠陥とするのかについては、個人や社会、個人の集団の属性、または社会的な文脈に強く依存している。また、それは価値観や信念などに関わるものであることが多いだろう。なので、共通の取り組むべき課題としてどのようなものを取り上げていくか、そのコンセンサスを取るのは非常に難しい。例えば、性的マイノリティの方々の権利をどう保証していくか、同性婚をめぐる問題などがあろう。話が少し飛んでしまうが、ヒジャブを未着用であった女性が急死した事件[1]をめぐって、イランでは大規模な抗議活動に発展している。例えば、ヒジャブの着用問題を日本社会に持ってくると、また違ったものが見えてくるであろう。それほど多くはないが、グローバル留学センターで、日頃ムスリムの留学生から受ける相談としては、ヒジャブを着用していることによってアルバイト先が限定されることや、日本でのキャリア形成が考えづらいこと、就職先が限られるということもある。このような問題は、もちろんムスリムの女性の学生にとっては正誤性が考慮されない日本社会における社会問題と認識されている。しかし、それ以外の国からの留学生や日本人学生にとっては、そもそもこういった問題が問題であるとすら認識されていないのではないだろうか。研究の世界でも同じである。国際協力にしても、異分野共創にしても、神戸大学には多くの研究科があり、さまざまな専門を持つ教員がいて、寄って立つ土台となる学問分野の認識論、方法論を持っている、それは、個人の価値観や信念に直結しているのであり、研究者としてのアイデンティティにつながっているものである。それぞれが、その教員が集まって何かをしようとすると、異分野

---

1 2022年9月にイランでヒジャブのかぶり方が不適切だとして逮捕された女性が、その3日後に亡くなった。

の人々が集まって建設的、有機的に共同体制を構築して、共創協力につなげていくためには、まず個々の学問分野のアイデンティティを尊重しつつ、開かれた対応をもってそれぞれの専門性を問題解決につなげていくという共存の姿勢をまず持っていく必要がある。研究者に、それぞれの素養、高度な専門性に加えて、自らの価値観や信念、行動規範、形成してきた社会化のプロセスなど、準拠枠を省察することによって、エスノセントリズム（自文化中心主義）を超克することが求められる。このエスノセントリズムを乗り越えて、多角的、相対的、俯瞰的な視点を獲得しようと努め続けることや、多様な他者と協働しようとする態度、姿勢を持って、協働・協力・共創のために必要な異文化間能力を向上させていくことが大事である。その1つの手法が「国際共修」の学習活動に含まれる。

　「国際共修」の根幹となるものは、学習者の文化的多様性（出身国・地域、言語、専門分野、階級・階層、ジェンダー、性的指向、来歴、過去の経験など）も教育の資源であるという考え方である。この理念はもともとアメリカやオーストラリアなど、欧州や移民のバックグラウンドを持った学生や留学生が数多く在籍している国や地域の高度教育、大学などに、国際教育に従事している教育者、研究者に普及していった考え方であるが、日本の大学においても、留学生に対する教育を行う部署や、日本人学生に対する海外留学、異文化コミュニケーションに関する授業など、そういった教育に従事する教員が中心になって、学習者の文化的多様性を学習に入れ込んでいこうという教育実践レベルの交流がなされるようになったのである。これが国際共修という学習活動が始まった背景である。学びのコミュニティの構成員は、通常は学習者と教員であるが、個々の構成員が持つ文化的多様性を意図的に設計した協働学習や交流を通して相互に学び、その学びをまたリフレクションすることによって、視野の拡大、異文化間能力の向上、批判的思考力の向上などにつなげていこうとするのが、国際共修の学習活動である。国際共修というものは、国内学生と留学生がともに授業を受けているという状態を指すのではなく、例えば、留学生と日本

人学生が何か交流をして、「楽しかったね」という感想を持つだけでも良いが、必ずリフレクション、具体と抽象を行き来するというプロセスが不可欠なのである。図1はKolbの経験学習の循環理論に依拠した学習設計である。つまり、経験そのものが学びにつながるのではなく、学習者の経験を振り返る省察を経て、批判的思考力を身につけ、さらにその経験を抽象的理念や概念と関連付ける。このような学習設計がなされているのである。また、その学びのプロセスは必ず教育的な側面が不可欠である。もう1つ、国際共修や多文化間共修でよく学習設計の際に関連してよく参照される理論的枠組みがある。これは社会接触仮説で、アメリカの心理学者、ゴードン・オルポートが提唱した理論「社会接触仮説」である。個人観や異なる習慣観の偏見を減少させるためには、ここに挙げたような共通の目的の共有、対等な立場、メンバー間の協力、制度的なサポートといった条件を必要とするというものである。この4つの条件を国際共修の授業に落とし込んだのが、国際共修の学習プログラムなのである（表1）。もちろ

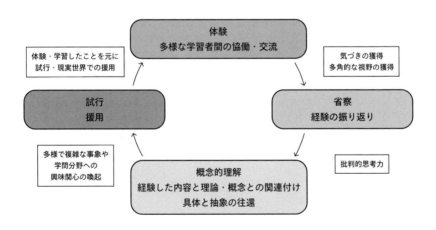

図1　学習の設計（1）
「経験学習の循環理論」（Kolb 1984）を援用した国際教習の学習設計

ん、この4つの条件全てを現実世界で実現することはなかなか難しく、授業内で温室のように条件をお膳立てすることに意味があるのかというご批判もあるかと思う。黒田准教授自身が若いときに北京に行って感じたこととして、異文化接触というものは、自分が正しいと信じていることや、常識、行動規範、価値観などを非常に強く揺さぶられるような体験をすることでもある。非常に強い刺激を受けたことによって、逆に異文化の中にいつつも偏見を助長してしまうということが往々にしてある。特にこれまで一度も留学生と接したこともないような、異文化体験がほとんどないような国内学生や、日本に来るのが初めての外国であるといったような留学生に対して、このように心理的な安全性が担保されて、教員と教育のフィードバックやサポートが制度的に保証されている環境を作っていくということには、一定の意味があると考える。

　少し具体的な授業での学習者のやり取りや、学生たちがどのような学びを受けているのかを事例として見てみよう。事例として、教養教育院で開

社会接触仮説 （Allport 1954）に おける4条件	国際共修・他文化共修における社会接触仮説の援用 （坂本ら 2017・高橋2016・2020）
(1) 共通の目的の共有	○ 授業や活動のねらいや学習目的を共有する。
(2) 対等な立場	○ 国内学生・留学生の人数割合、個々の学生の言語能力、学年、 　取り扱うトピックに関連する知識量などが 　学習者間の力関係に与える影響を考慮する。
(3) メンバー間の協力	○ 授業や活動において、学習者間の競争ではなく 　協働・協力を前提としたものとする。 ○ 協力して学ぶ、学習者同士が学び合う仕組みを構築する。
(4) 制度的なサポート	○ 授業や活動の場が安心安全な学びの場であることを制度的に保障する。 ○ 必要に応じて教員が教育的介入やサポートを提供する。

表1　学習の設計（2）

講している総合教養科目「グローバルリーダーシップ育成基礎練習」という基礎演習と国際共修の授業を挙げる。神戸大学国際学生交流シンポジウム（KISS）の企画・実施を受講生が一緒に行うことをプロジェクトの共通の目的とするPBL型の授業である。この授業には、留学生と国内学生が受講しているが、日本語と英語の双方を使用言語として、なるべく特定の受講者がドミナントにならないような環境を作るためにバイリンガルにしている。学期開始直後の授業では、まず、その年のシンポジウムで取り上げるメインテーマと、そのメインテーマの下でどのようなサブトピックを立ててディスカッションをしていくかということを学生たち主導で決めさせる。たいてい、いつも学生たちは自分たちが社会問題であると思っている内容を提案してくるが、毎年議論がとても迷走するのである。さまざまな学生がいて興味関心も違うので、これは当たり前といえば当たり前である。とにかく学期開始直後はカオスである。しかし、ある年には、ある国内学生がジェンダー平等の話題に絡めて、女性の社会進出と選択的夫婦別姓の問題について取り上げたいと問題提起をした。議論の中では、日本では選択的夫婦別姓は認められておらず、このことがジェンダー不平等の象徴として見えるという意見も上がったのである。そして、留学生たちが出してきた意見から、議論の内容が「自分の周りにいる何々さんはこういう名前だ」というように、どんどん名前の話になっていったのである。日本よりも家父長制の影響が強いと考えられている韓国や中国であっても夫婦別姓であるとか、そもそも姓というものがない国についての話も出た。名字がないため、パスポートを作る際には便宜上名前を分けて書いているものの、それはあくまでもパスポート用であって、そもそも名字というものはないのである。授業の中で、どんどん議論が迷走して広がっていったのである。ここでファシリテーターである教員が重要な役割を担う。その名前を法制度の面から見たらどのようなことが見えてくるか、日本の選択的夫婦別姓の話は、家族社会学や歴史社会学の視点が外せない、アラブ圏の名前にはモハメドさんがとても多いことに宗教観が含まれている、この

ようなことを問うことによって、さまざまな学問的な視点からこの問題を見るということを促していくことも重要なのである。授業終了後には、いつもこの省察のプロセスを組み込んでいるが、全ての専門分野をカバーできているわけではない。そこで、初学者用の概論的な先行文献としてどういったものがあるのかということを紹介してリーディングタイムを設けるなど、既存の枠の伝統的な学問領域と目の前で起こった議論をどうつなげていくのかということを意識している。履修にあたって、主に留学生の日本語レベルはできれば中級レベルが望ましいとしている。一方で英語は基準を設けていない。国際学生の英語のレベルは、時々帰国子女や、交換留学から帰ってきたような英語が得意な学生もいるが、大部分は平均的な神戸大学生の英語レベルである。このようにあえて言語能力に差がある状態にしておいて、言葉のバリアをどう乗り越えてチームとして協働していく姿勢を取るかについても学びの目的の1つとしている。「国際共修」の事例について、授業としてではなく、自然に日本人の学生と海外の留学生が交わる"場"を構築することによって「国際共修」という学びを実践しているケースもある。村山特命講師との議論から、"場"の重要性についても考えてみたい。村山特命講師は、日本人学生と海外の学生を国内学生と国際学生という言い方をしているが、立命館大学に勤務している時に、この国内学生と国際学生が学内で自然と交流できる仕掛けを作ろうとしたのである。一方、言語学習支援において、言語教育センターでは自立学習支援の場所の構築にも関わったのだが、これらを融合させることを考えたのである。英語でそれが、「Beyond Borders Plaza（BBP）」であるが、立命館大学が「スーパーグローバル大学創成支援事業」の一環で行われている。滋賀県の草津市にある、びわこ・くさつキャンパス（BKC）では、建物1棟まるごとワンフロア全てをBeyond Borders Plazaとした。一番新しいキャンパスである大阪いばらきキャンパス（OIC）では、キャンパス全体をラーニングコモンズにする目的でBBPを構築した。そこで、対話や議論が促進されるような、さまざまなイベントや学びの機会を提供するこ

とで、国内学生と国際学生、そして教員、職員も含んだ混ざり合いが起こる。それによって、黒田准教授との議論にもあった文化多様性の理解やエスノセントリズムからの超克を自然な形で経験するのである。

「国際協力」における学際的研究を成り立たせる"掛け合わせ"、「国際共修」での学びのコアとなる文化的多様性や学問の多様性の理解、このようなことは、複数の人間の主観と客観を共有・理解することで生まれる"共創"においても共通しているものであろう。黒田准教授との議論の中にあった、「エスノセントリズムを乗り越えて、多角的、相対的、俯瞰的な視点を獲得しようと努め続けることや、多様な他者と協働しようとする態度、姿勢を持って、協働・協力・共創のために必要な異文化間能力を向上させていく」ことに対する学習活動が国際共修の目的である。つまり、国際協力や異分野共創を実現するための基盤となるのが「共修」という学びなのであろう。そして、国際協力での自然科学と人文社会科学の研究者が交わるためきっかけとなった国家プロジェクト、日本人学生と留学生がフラットに議論する国際共修の授業、そして、さまざまな人間がリアルに関わり合いを持つために設計された立命館大学BBPのような"場"もまた、協力・共創・共修において重要なのである。

参考文献

サイモン、ハーバード（1979）『意思決定の科学』産業能率大学出版部

坂本利子ら（2017）『多文化間共修：多様な文化背景をもつ大学生の学び合いを支援する』学文社

髙橋美能（2016）国際共修授業における言語の障壁を低減するための方策、大阪大学大学院人間科学研究科紀要、42、123–139

髙橋美能（2020）「第3章 言語と文化の違いを超えて学生が学び合う国際共修授業」、佐藤智子・髙橋美能『多様性が拓く学びのデザイン－主体的・対話的に他者と学ぶ教養教育 の理論と実践』明石書店

玉置久・菊池誠（2021）「第4章 描く～期待を見通す創造力」、國部克彦ら『価値創造の考え方：期待を満足につなぐために』日本評論社

Allport, G. W. (1954) *The Nature of Prejudice*. Cambridge, Doubleday Anchor Books

Jenks, C. W. (2012) *International Law in a Changing World*, Literary Licensing, LLC

Kolb, D. A. (1984) *Experiential Learning: Experience as the Source of Learning and Development*, Prentice Hall

Shibata, A. (2016) *International Liability Regime for Biodiversity Damage (Routledge Research in International Environmental Law)*, Routledge

第 2 章

講義・PBL・FBL

2022年度の講義・PBL・FBL概要

講　義

価値創造の考え方

V. School 教員	第1と3クオーター・月・5限

価値創造に取り組むにあたって、価値に関する基本的な見方を紹介する。「価値創造＝価値創発×価値設計」の基本公式を説明するとともに、V. School が開発した価値創造の概念モデルである「価値創造スクエア」について解説する。V. School で学ぶことの意義を一緒に考えることで、あなたが価値創造に向かって一歩踏み出すきっかけとなることを期待している。

PBL

Creative School 基礎編

鶴田宏樹・祇園景子	第2クオーター・火・5限

本授業は、問題の定義が不明確（悪定義）で、解決手段が不明確（悪構造）で、唯一最適解が存在するにように設定されていない（悪設定）問題に対峙する際に必要な思考方法を習得し、新しい知を創造できる人を育成することを目指す。具体的には、論理的思考、システム思考、デザイン思考の3つの思考方法を習得し、グループワークを通じて思考方法を使いこなすことに挑戦する。

企業社会論A

鶴田宏樹	第2クオーター・水・5限

急速に進むグローバリゼーションによって政治、経済、雇用など、あらゆる面で社会環境の変化が促されている今日、新しい価値の創造（イノベーション）を通して社会の変革をリードしてゆくことが、若者達に期待されている重要な役割である。本授業では、日本を代表する企業などの第一線で活躍されているリーダーの方々を招聘し、企業活動の実態や産業界の将来展望などに関する最新情報を講義していただくことによって、神戸大学生が「新しい価値の創造者（イノベーター）」として自律的キャリアデザインを図るために必要な知識を学ぶ場を提供する。

未来洞察＋アイデアソン

藤井信忠	第2クオーター・木・3-4限

課題設定を行う「未来洞察プログラム」と、課題解決のためのアイデア創出を実現する「アイデアソン」を掛け合わせたワークショップを実施し、創造性を向上させ、課題解決や新たな価値を見出す手法を学ぶことを目的にしている。個人が保有するにとどまっていた知見を共有することで新たな集合知を形成し、共創やオープンイノベーションを通じた価値創造を学ぶ。

企業社会論B

鶴田宏樹・祇園景子	第3クオーター・水・5限

現代社会は不確実性の高い社会と言われ、過去の延長線上での予測・予見が困難である。未来を予測するのではなく、望むべき未来をイメージし、

バックキャスティング思考で今なすべきことを考えることが求められている。本授業では、未来社会を構築して、発展させる原動力となる「学問」をテーマに、①自らを内省し、②必要な情報を集め、③自らの興味・関心を表現し、④他者の意見に傾聴する力をグループディスカッション形式で学ぶ。

シリコンバレー型起業演習

内田浩史・鶴田宏樹・祇園景子	後期・火・2限

シリコンバレーで実際に行われているスタイルにより、起業体験型ワークショップを行い、実践的に経営学を学ぶことを目的とした授業である。セミナー形式でビジネスプランの立案に必要な各スキル（デザイン思考、システム思考、ブレインストーミング、プレゼンスキルなど）を習得しつつ、講義形式で収益分析や事業モデルなどの起業関連知識を学習する。最終的にはグループごとにビジネスプランの立案と発表を行う。起業に必要なスキルの習得を通じ、革新的で前向きな思考法（マインドセット）を身に着け、社会に対して価値を生み出すことのできる潜在能力を涵養することも目指す。

法と持続的開発

金子由芳	後期・火・3限

「法」を「開発」の手段とする国際援助は1960年代米国の「法と開発」運動に遡るが、1990年代の新制度派経済学の勃興により世界銀行他の国際ドナーが「グッド・ガバナンス」「法の支配」を標榜する法整備支援が構造調整の主流となり、いまや法制度を論ぜずして開発援助を語り得ない時代となっている。しかし「法と開発」における「開発」とは何か、その定義は変化しつつあり、開発＝近代化＝経済成長と端的に断じられた時代は

終わった。「開発」の実現手段としての「法」もまた変化を求められている。本講義は冷戦終了以降に国際ドナーの法整備支援の主たる受け入れ先となってきたアジア後発諸国の状況にフォーカスを当てながら、持続可能な開発時代の法の課題について議論を深める。

FBL

価値創造のための実践型FBL	
忽那憲治	通年・水・5−6限

バブソン大学は30年近くにわたってアントレプレナーシップ部門で連続、全米第1位にランキングされているボストンにある名門大学である。本プログラムは、バブソン大学の山川恭弘先生と神戸大学バリュースクールの教員が連携し、バブソン大学の学部新入生向けの名物講義（学部1年生約500名の必須科目）として20年以上続いているFoundations of Management and Entrepreneurship（FME）の仕組みをアレンジして、バリュースクールの実践型FBLとして開講する。FMEはこのプログラムを通じて、ビジネスアイデアの成長可能性の検証と、人としての成長の2つを追求している。アイデアの創発とそれをプロトタイピングし、テストしたりしながら「思考力」と「実践力」を養うことを目的としている。

Creative School応用編	
鶴田宏樹・祇園景子	第2クオーター・集中

本授業は、Creative School基礎編で培った「考え方の考え方」に基づいて、実社会における課題に対峙してソリューションを提案してもらう課題解決型学習である。本講義はJST START大学・エコシステム推進型スタート

アップ・エコシステム形成支援事業における「レジリエンス社会の構築を牽引する社会起業家精神育成プログラム」として、「被災地に学び、未来の防災・減災を考える〜南海トラフなど来たる自然災害に備える〜」というテーマで開講する。東日本大震災における復興プロセスを振り返りながら、今後発生するであろう我が国の大規模災害に対して、新しい復興プロセスの在り方を考えることで、未来のレジリエンスについて考える機会を設ける。

未来社会とエネルギー

祇園景子・鶴田宏樹	第2クオーター・集中

環境・エネルギー、防災・減災、感染症などの地球規模の課題に対するソリューション創出に必要な創造性と思考力・対話力を育成するFBLである。地球規模の課題は、ステークホルダーや原因が複雑に絡み合っているため、自らの専門分野だけでは解決することが困難である。分野の垣根を超えて問題を多視点から捉え、複数ある解の中から実現可能な解を選択することが必要不可欠となる。そこで、海外の研究者・学生らと共に地球規模の課題に対するソリューションを考案して実現するプロセスをグループワークを通じて学ぶことにより、グローバルな視点をもった思考力・対話力を育成することを試みる。また、地球規模の課題設定とソリューション立案のプロセスから文理医融合研究の課題を探索し、新たな研究プロジェクトを検討する。

神戸市課題解決プロジェクト

内田浩史・砂川洋輝	後期・火・4−5限

この授業は、神戸大学の経営学部生とV.School生とがチームを組み、神戸市のまちづくり上の課題を解決するため、学生の視点から斬新な、しか

し実現可能なアイデアを創出することを目指した課題解決型の授業である。受講生はチームに分かれ、課題を抱える人々に対する共感に基づいて、具体的な課題を設定した上で、解決するための事業を設計する。本授業は神戸市と連携した社会連携型PBLであり、半年にわたって1つの課題に深く取り組む点、デザイン思考を用いる点に特徴がある。

神戸市課題解決プロジェクト[1]

内田浩史

1. はじめに

　本章では、V.School の 2022 年度授業科目の1つである「FBL-X：神戸市課題解決プロジェクト」について、その実践結果を紹介する。この授業は、神戸大学の経営学部生と V.School 生とがチームを組み、神戸市のまちづくり上の課題、具体的には神戸市中央区脇の浜地域（脇浜海岸通）における地域住民のつながりの希薄さという課題を解決するため、学生の視点から斬新な、しかし実現可能なアイデアを創出することを目指した課題解決型の授業である。受講生はチームに分かれ、課題を抱える地域住民の方々に対する共感に基づいて、それぞれ具体的な課題を設定した上で、その課題を解決するための事業を設計した。

　本授業は、2020 年度に初めて開講し 2021 年度にも実施した「PBL-X：神戸市課題解決プロジェクト」の3年目にあたるものである[2]。PBL（Project-Based Learning）は、講義ではなくプロジェクト形式の授業で、多くの大学で幅広く行われており、特に民間企業や行政機関などと協同で行う社会連携型 PBL は多い。ただし、その中には企業の業務を体験するようなキャリア教育的なもの、あるいは企業の事業開発を体験あるいは肩代わりするようなものも多い。これに対して本授業は、営利企業が扱わないような社会課題の解決を考える点に特徴がある。また本授業は、半年にわたって1つの課題に深く取り組む点、課題を抱える当事者の視点に立って解決を考えるデザイン思考のアプローチを用いる点にも特徴がある。

　本授業については、既に1年目の実施報告を内田 (2021) に詳しくまとめており、また2年目についても V.School の 2021 年度報告書において報

告を行っている（砂川 2022）。本章ではこれら重複する部分は割愛し、過年度との違いを中心として、授業の設計段階から実施終了までの報告を行うことにしたい。このため、本章で詳述していない部分については、両報告をご覧いただきたい。他方で、過年度から内容が変わっていない部分については内田（2021）と同じ場合もあるためご容赦願いたい。本章は、今後の授業改善のための材料とすることを意図しているが、行政や他の大学が同様の、あるいはさらに発展した取り組みを実施する際に、何らかのヒントを与えるものとなることも期待している。

　以下ではまず第2節において、この授業の概要を説明する。続く第3節ではこの授業で用いたアプローチ、デザイン思考を紹介する。第4節ではこの授業の設計の経緯を説明し、第5節で実践結果を紹介する。第6節では実施結果を踏まえた評価を行う。第7節は、結論に代えて今後への示唆をまとめている。

2. 授業に関する背景情報

　V. School の PBL・FBL 科目のうち、他学部・研究科が開講している PBL 科目を V. School の授業科目としても開講するのが PBL-X・FBL-X 科目である。「FBL-X：神戸市課題解決プロジェクト」は、神戸大学経営学部（以下、経営学部）の外部連携型 PBL 授業を PBL-X 科目としたもので、具体的には著者が担当した3年生対象の研究指導（いわゆるゼミナール、ゼミ）（以下、内田ゼミ）の後期部分にあたる。内田（2021）に記したように、既存のゼミを V. School 科目とすることには、一定数のプロジェクト参加者を最初から確保でき、また授業内容の自由度と柔軟性を確保するというメリットがある。

　本授業で用いるアプローチはデザイン思考である。デザイン思考とは、「デザイナーが用いる道具箱から着想を得た、革新を引き起こすための人間中心的（human-centered）アプローチであり、人々のニーズ、技術の

可能性、そして事業の成功に必要な要件、を統合するもの」（Tim Brown（デザインファーム IDEO の CEO）の言葉（https://designthinking.ideo.com/）であり、商品やサービスを、それを用いるユーザーが抱える課題を解決する手段として設計する。デザイン思考では、ユーザー観察やインタビューによりユーザーに対する共感を得たうえで、ユーザーが抱える課題、しばしば本人も意識していない真の（隠れた）課題を特定し、定義する。次に、その課題の解決方法のアイデアを考え、物理的なプロトタイプ（試作品）として形作る。プロトタイプはユーザーに使ってもらい、アイデア・課題・試作品の妥当性を検証する。

　本授業では、スタンフォード大学 d.school において体系化された、5つのステージ（手順）から成るアプローチを取った（表1）。第一のステージは、ユーザー（本授業では課題を抱えた方々）に共感し、ユーザーの立場に立って課題を特定するための情報を集める、「共感」(Empathy, empathize) と呼ばれるステージである。第二のステージは、得られた共感に基づき、ユーザーが抱える真の課題を特定し、定義する「定義」(define) のステージである。第三のステージは、定義された課題に対し、有効な解決方法のアイデアを考案する「アイデア出し」(ideation) のス

ステージ	内　容
1　共感(Empathy)	対象となるユーザーにインタビューして共感を得る
2　定義(Define)	ユーザーが抱えている真の課題を特定する
3　アイデア出し(Ideation)	定義した課題の解決アイデアを創出する
4　試作(Prototype)	アイデアに基づき具体的な事業案を試作する
5　テスト(Test)	試作した事業案を試していただき検証する

表1　デザイン思考の5つのステージ

テージである。第四のステージは、生み出したたくさんのアイデアの中から有望と思われるアイデアを選んで具体化し、次の段階で検証できるよう試作品として形にする「試作」(prototype) のステージである。最後に第五のステージは、作った試作品を実際にさまざまな形で試してもらって検証する「テスト」(test) のステージである。

　デザイン思考は、営利ビジネスに留まらず、非営利・公共セクターにおけるサービスの提供、さらには社会システム自体のデザインにまで応用されている。このうち行政におけるデザイン思考の活用は、行政サービスデザインと呼ばれることもあり、また政策デザイン（policy design）に対するアプローチの1つとみなすことができる。行政上の課題をデザイン思考により解決することを目指すこの授業も、広い意味ではこの流れの中に位置づけられる。海外では大学、行政機関、NPO、地域住民など幅広い参加者が集まって社会課題の解決を目指すデザイン思考プロジェクトが行われている。こうしたプロジェクトに比べると、日本で行われている取り組みは、数はもちろんのこと、参加者の多様性という点からしても不十分だといえる。

3.　授業設計

　本年度の授業の設計は、過去2年の設計の経験の上に成り立っている。特に初年度は、授業自体を白紙から設計したためさまざまな作業が必要であったが、こうした点ならびにこの授業を行うに至った経緯については内田 (2021、第3節) をご参照いただくこととし、ここでは過年度と異なる点を中心に説明を行う。

　デザイン思考を用いた本授業の設計は、テーマの設定、プロジェクト実施体制の構築、スケジュールの決定、の3つから成る。以下ではこれらについて、2022年度の結果を説明する。なお、デザイン思考のアプローチを用いる場合、授業の進行をあらかじめ予測することは難しく、当初の設

計通りにプロジェクトが進まないことも多い。当初の設計はこうした点を踏まえて行うとともに、授業内容は実施する中で常に見直していく必要がある。

3-1. テーマ設定

第一に、本年度のテーマは

「脇の浜ふるさと化プロジェクト」

である。このテーマは、授業開始に先立つ7月19日に、脇の浜ふれあいのまちづくり協議会（ふれまち）の原永副委員長・石田副委員長に、初めてお話を伺った際の内容を踏まえて決定したものである。脇の浜地域をフィールドとさせていただいたのは、神戸市中央区まちづくり課を通じ、区内のふれまちに打診していただいた結果、会の運営を意欲的に進めようとされている脇の浜ふれあいのまちづくり協議会に手を挙げていただいたおかげである。

　脇の浜地域では、日本の各地の状況と同様に、地域活動の担い手が不足し、地域住民同士のつながりが希薄化しており、まちへの愛着と個人のwell-being向上が課題となっていた。しかし、同地区は阪神淡路大震災後にできた新しい街であり、他の地区と違って歴史が浅く、またマンションが多くて転勤族が多く暮らすこともあって、こうした問題が特に顕著に表れる地区であった。こうした状況を、他地域から引っ越して来られ、さまざまな取り組みを進めておられるお二人から伺った際に、出てきたキーワードの1つが「ふるさと」であり、この言葉からプロジェクトの出発点となる課題を設定することとした。ただし、脇の浜地域に住んでおられる方は多様であるため、ある程度ユーザー（課題解決の対象者）像を絞る必要があると考えられたため、インタビューの実施可能性なども勘案したう

えで、小学生以下の子どもを持つ親御さんを対象としてプロジェクトを進めることとした。

3－2．プロジェクト実施体制の構築

　第二に授業の体制であるが、まず実施者は著者とV.School客員准教授である砂川洋輝氏である。両者はすべての授業に参加し、回や内容によってファシリテーションと補佐役を交代して授業を実施した。授業はV.Schoolの教室で実施し、実施上の事務の多くはV.Schoolの事務が担当した。

　今年度の受講者は、当初は内田ゼミ生10名とV.School生（経済学研究科の社会人大学院生）1名であったが、開始後しばらくしてから内田ゼミ生10名のみとなった。その代わり、当初何回かの授業にオブザーバーとして参加し、意義を認めてくださった神戸市中央区役所総務部松浦部長のご尽力により、同区役所まちづくり課・市民課の若手職員3人が研修という形でメンバーに加わってくださった。チーム編成は、学生は3人2チームと4人1チームとし、区役所若手職員3人はそのまま1チームとして「社会人チーム」と呼ぶことにした。学生と若手職員の混成にしなかった理由は、社会人メンバーの参加がやや遅れたこともあるが、前年度までの授業の中で、学生と社会人との間でのチーム内のやりとりの難しさがあったことも大きい。つまり、学生は社会人の発言に遠慮しがちになり、社会人も学生にどこまで踏み込んで話をしてよいのか分からないという声が挙がっていた。もう1つ大きな理由として、時間調整の容易さも挙げられる。学生と社会人は、生活パターンが異なることなどから授業外の打ち合わせのための時間調整が難しかったが、同じ職場の3人を1チームとしたせいか、社会人チームの調整は比較的容易だったとのことである。

　授業実施体制の構築において大きなハードルとなるのが、デザイン思考でいうユーザー、つまり課題を抱える相手であって、受講者が共感を得る

べき相手の確保と調整である。この点に関しては、脇の浜ふれあいのまちづくり協議会の原永副委員長にご尽力いただき、脇の浜地域福祉センターで月2回程度定期的に開催されている子育てサークルの主催者の方にご協力いただき、サークル参加者にインタビューさせていただけるよう調整した。またその際には現地ワークを行うための、地域福祉センターの利用予約もお願いした。さらに、地域の子どもたちの状況をお話しいただける方として、神戸市立なぎさ小学校の氣賀校長先生にもお繋いただいた。

　授業は基本的には対面で実施したものの、前年までと同様にオンライン会議システムZOOMを使ってオンラインで行った回もあり、また欠席者の復習用にZOOMで授業を録画し、後日視聴可能にした回もあった。発表を行う際にも資料の投影やプレゼンテーション実施のツールとしてZOOMを用い、スムーズな運営が可能となった。また各チームでメンバー同士の共同作業を行うために、自由に付箋を張り付けられるオンラインボードのMIROをチームごとに用意するとともに、授業開始までにビジネスチャットツールのSlackのワークスペースを設定し、担当者・受講者・協力者、ならびに大学の事務担当者をメンバーとし、連絡・相談体制を整えた。

3－3．スケジュール

　スケジュールに関しては、表2のとおりとした。まず基本となる開講時限は火曜日の第4限（15:10-16:40）である。これは、母体となる経営学部の内田ゼミ開講時限である。ただし、同ゼミでは同時期に統計分析の演習も行っているため、毎週行われる授業の半分を本授業に充てた。2022年度後期の授業は10月1日に開始されたため、10月4日以降のほぼ隔週が本授業の時間となった。毎週ではなく隔週で実施することは、時間数としては少なくなるものの、デザイン思考のプロジェクトを実施する上ではむしろ作業時間を確保するうえで望ましいことが分かっていたため、本年

日付	時間帯	場所	内容など
		FBLX1	
9月16日（金）	14:15–17:30	神戸大学滝川記念館	キックオフワークショップ
9月21日（水）	16:00–17:30	ZOOM（後日視聴も可）	リサーチとチーム作業
9月30日（金）	9:00–16:00	脇の浜地域福祉センター	現地フィールドワーク
10月4日（火）	16:00–17:30	V.School教室	チーム発表・振り返り
		FBLX2	
10月18日（火）	16:00–17:30	V.School教室	共感ステージ確認、情報共有
11月1日（火）	16:00–17:30	V.School教室	問題定義とアイデア出し
11月15日（火）	16:00–17:30	V.School教室	アイデア出しと解決策試作
12月6日（火）	16:00–17:30	V.School教室	試作品発表・振り返り
12月20日（火）	16:00–17:30	V.School教室	試作品のブラッシュアップ
1月17日（火）	16:00–17:30	V.School教室	試作品のブラッシュアップ
1月31日（火）	16:00–17:30	V.School教室	発表会
2月7日（火）	16:00–17:30	V.School教室	振り返り

表2　2022年度FBL-X神戸市課題解決プロジェクトスケジュール（当初案）

度もその形式を踏襲した。

　ただし、頻度には問題ないものの、授業時間の長さ、すなわち各回を1時間半とせざるを得ないことが、特にプロジェクト当初の活動にとって大きな制約となる。下記の通り、デザイン思考では、少なくともプロジェクト当初においては一定の手順を順に踏んでいく必要があり、その中ではフィールドに直接出向いてその場で現地ワーク（インタビューや観察、情報収集など）を行う必要がある。このワークは1時間半では足りないため、9月30日に丸一日追加の回を設定し、長い時間が必要な活動をそこに配置することとした。またそのために必要な情報提供やイントロダクションとして、9月16日と21日にも授業時間を設けた。ただし、9月21日は

ZOOMによりオンラインで実施し、ビデオを後日視聴するのでもよいこととした。そして、現地ワークの結果を振り返る回を、10月4日に設定した。

　10月4日までの回は、デザイン思考でいう共感ステージのための時間であり、表に示したようにFBLX1と呼ぶことにした。これは、全ての回に参加するのが難しい場合でも、このステージだけの参加でも十分意味があるため、形式上分離できるようにするための呼び方である。今後の授業設計への参考に、FBLX1は前期あるいは後期に行う一般的な授業ではなく、集中講義の形式とし、合計8時限（各90分）から成る構成とした。

　これに対し、デザイン思考でいう定義ステージ以降の段階が、10月18日以降にあたる（通称FBLX2）。デザイン思考では、少なくとも試作の段階までは一通り順を追って試行する必要があるため、12月6日まではその順番通りに内容を配置した。ただし、のちのステージになるほど各チームの状況に応じて臨機応変に対応する必要があり、また、デザイン思考では5つのステージを行きつ戻りつ、試行錯誤しながら進んでいく必要があるため、後半の回は自由度を持たせた。実際に、各チームの状況を見ながら調整した結果、後半の授業内容は実際には表とは異なる形となった。この点については後述する。

　なお、社会人チームの参加は10月18日からである。途中からの参加になるため、メンバーにはそれまでの経緯、すでに終わった講義の内容などに関して事前にオンラインで補講を行ったうえで、10月18日からスムーズに合流できるよう必要な作業を伝え、事前の準備を依頼した。以下で述べるように、3人の区役所職員の方は勤務時間外でも自発的に十分な時間を取って作業をしてくださったため、途中からの合流でも結果的にはさほどの支障はなかった。

4. 実践結果

4-1. 現地ワークまで

　ここでは実際の授業の結果を報告する。まず9月16日のキックオフでは、前半90分において、チームビルディングのアイスブレーク、これから行うプロジェクトとデザイン思考の概要紹介、ゲストによるご講演を行った。ご講演は、神戸市中央区役所まちづくり課の高西課長にお願いし、中央区の現状や、中央区におけるまちづくりについて、行政の視点からお話しいただいた。その中では、ふれまちを含めた地域組織などに関しても情報を提供いただき、質疑応答を行った。休憩をはさんだ後半90分では、脇の浜ふれあいのまちづくり協議会原永副委員長、石田副委員長から、脇の浜地区やふれまちの活動について、またご自身のご紹介とふれまちに関わることになった経緯をご講演いただき、やはり質疑応答を行った。当地で地域活動に奮闘されているお二人の想いを伺うことで、受講生は具体的なイメージを得ることができたとともに、またお二人自身が現地で課題を抱える当事者であるため、ご講演と質疑応答自体が共感を得るための素晴らしい機会となった。

　9月21日は、ZOOMを用いたオンラインでの講義と追加の情報提供を行った。この回では、デザイン思考における共感の重要性とその進め方、ならびに得られた情報をペルソナやエンパシーマップを用いてまとめていく方法を講義した。また、受講生に対する追加の情報提供として、神戸市立なぎさ小学校の氣賀校長先生へのインタビュー（動画）を流し、質疑応答を行った。氣賀先生へのインタビューは、事前に同校を訪問して収録したもので、ご自身のそれまでの赴任校でのご経験を踏まえ、脇の浜地域の特色と、学校から見た地域の様子について、こちらからの質問に答えていただく形でお話しいただいた。その中では、なぎさ小学校ではPTAが存在しないために、学校側が保護者の方たちの考えを知る機会が少ないこ

と、休日の学校開放での子どものスポーツ活動を通じたつながりはあることなどをお話しいただいた。質疑応答では、学生から「PTAがないなんて可哀そう」という感想が出てきたが、なぎさ小学校の保護者にとってはPTAがないこと自体が常識であり、「可哀そう」という評価こそが共感の不足を示している、といったフィードバックを行った。

4－2. 現地ワーク（共感ステージ）

　プロジェクト前半の山場は、9月30日に一日をかけて行った現地ワークである。当日は、脇の浜地域福祉センターを使わせていただき、9時から16時までの長時間を4つのパートに分け、合計4時限に相当するワークを行った。最初のパート（9:00-10:30）では、アイスブレークに加えて共感を得るための実際の方法であるインタビューのやり方やコツを説明するとともに、実施における注意事項を伝達した。その際には、表情や実際に口にされた言葉といった表面的な情報だけではなく、その背後に隠された感情を推測することの重要性にも言及し、バイアスを持った情報収集を行いがちであることを気づかせるためのアイスブレークも行った。その後、残された時間でインタビューのための作戦会議を各チームで行うこととしていたが、実際にはその時点で子育て中の親御さんがインタビュー可能となったため、急遽チーム構成にかかわらない形でインタビューを行うこととし、4,5名の親御さんに対して実施した。

　当初の計画では、インタビューは2つ目のパート（10:45-12:15）の中で行ったあと、昼休みを兼ねて、レストランなどへの道すがら脇の浜地域の様子をチームごとに観察する予定であった。しかし、実際には上記の通り、1つ目のパートからインタビューが始まったため、休憩時間を設けず引き続きインタビューを行うこととし、インタビューが終わった者からチームでの取りまとめを行わせ、その後振り返りと今後の指示を行い、休憩と昼食がてら、現地観察を行うよう指示した。この段階までに受講生

は、地域福祉センターが現地の高齢者の方の憩いの場としても利用されていること、学生たちに積極的に話しかけてくる良い意味で「おせっかい焼き」の高齢の女性がいることなどを確認しており、また現地観察によって、この地域が本当に高層マンションばかりである状況も確認した。チームによっては飛び込みで児童館を訪問し、お話を伺うこともあった。図1は、チーム1がある親御さんにインタビューした結果をまとめたものである。

ママB：子供3人（1歳、3歳、5〜6歳）子育てサークル運営者
・他ママに誘われて運営者になった（運営者になると参加費がタダになった）　→担当になった特典、うれしい（会費無料と聞き、引き受けた、初めは乗り気ではない）
・運営者は1〜2年で交代　→担当になってもいいかな（紹介してくれた人も大変そう）
・一番上の子が末っ子を世話してくれている　→忙しすぎて助かる（その間家事できる）
・家事代行を使用した経験あり、「とても便利」　→普段できない場所もできる
・LINEのオプチャでイベント申込（先着順）　→ほんとに大変
・キッチンカーやカフェなどふらっと立ち寄れる場所が欲しい　→できてほしい
・リトミックのイベントでイベントのチラシをもらう
・イベントカレンダー（紙）が脇の浜福祉センターにあるためマップ中央でイベント情報を調べる
　　→毎日・絶対に確認
・中央区以外のイベント情報も知りたい　→あったらほんとに便利
・カレンダーやチラシなどに対象年齢などを記載してほしい　→少しわかりにくい
・最新情報の更新をしてほしい　→絶対知りたい

図1　インタビュー結果（チーム1）（筆者加工）

　3つ目のパート（13:00-14:30）は、午前中に得たさまざまな情報を集約する時間である。そこでは以前に紹介したペルソナやエンパシーマップを用い、各チームで共感の結果を集約して整理することとし、教員側からは都度フィードバックを行った。また、この時間中に中央区役所の方々が訪問してくださったため、各チームの議論に参加しアドバイスをいただいた。図2は結果的にチーム2が作成したペルソナである。このチームはのちに、

顔と名前とコピー	属性
名前 ： 渚優子 「各地を転々としながら子育て奮闘中」	・核家族 ・超甘えん坊な2歳児と好奇心旺盛で 　飽きっぽい4歳児の母 ・休職中 　→将来的に仕事復帰をしたい**責任感のある人** ・愛媛県伊予市出身 　(関西弁ではない、子育てサークル未発達地域) ・29歳 ・今年の4月に神戸に引っ越してきた転勤族 ・UR住み
背景と行動	ニーズとゴール
・小さい頃に公園など家の外で遊ぶなど、 　幼少期の頃は活発だった ・午前中に子育てサークルのイベントに参加 　→**子供最優先**の行動力のある人 ・コロナ禍だったので、 　家の中でしか子育てしてこなかった 　→家の外での子育てを経験したい**好奇心旺盛**な人 ・2年後に転勤予定 ・知り合いがいない→**さみしがり屋**な人 ・夫の育休が7月に終了	①参加できる時に参加できるイベントが欲しい ②家の外での子育て経験を積みたい ③子供にその地域での思い出を作ってほしい ④悩みを共有できる心の支えとなるような 　ママ友が欲しい

図2　ペルソナ（チーム2）

　右下のニーズとゴールの部分にまとめられた情報に基づいて事業アイデア
を構築することになる。
　最後のパート（14:40-15:45）は、デザイン思考の手順に従い、共感の
結果を定義ステージにつなげるための作業を行うための時間である。そこ
では、アイスブレークののち、共感ステージで得られた洞察を受講者の視
点から表現するための道具である、POV（Point of view）とよばれる文
章を作成する方法を説明し、グループワークを行ったのち、各チームで
作ったPOVを次週発表することを宿題とした。また、パートの最後は一
日の活動を振り返り、受講者が一言ずつ感想などを述べるリフレクション
を行った。

4-3. 定義・アイデア出し・試作・テストのステージ

　以上のワーク結果を踏まえ、10月4日からは定義以降のステージに進んだ。10月4日は、まず各チームが作成したPOVを発表し、教員からのフィードバックを行った。そののち、POVに示された課題を疑問文の形で表現する、HMW（How might we）questionを説明し、それを用いて解決すべき課題の特定を行う作業を行った。続く10月18日は、課題の解決アイデアを出すステージに進んだ。そこでは、各チームのPOVや

顔と名前とコピー	属性
浜脇恵梨	・脇浜海岸通り在住、28歳、専業主婦 ・子供（2歳）と日常を共にする ・在住歴1年 ・分譲に住んでいる
背景や行動	**ニーズやゴール**
・月に2回子育てサークルに行っている ・児童館に毎週いっている ・夫の転勤により移住してきたが 　ここに定住するつもりはない ・子供同士のつながりをもって 　生きる世界を広げてもらいたいと思っている ・子育て支援情報にたどり着かない 　→たどり着くが欲しい情報にマッチしないため 　　マップは入れているが徐々に 　　期待値が下がっている	・子供同士のつながりをもって 　生きる世界を広げてもらいたいと思っている ・親同士のつながり 　（特に上の代とのつながり、先輩ママさん） ・参加する前に雰囲気をわかるようにしてほしいし、 　わかりやすくしてほしい

浜脇恵梨は子育てサークルの活動に参加する必要がある。なぜなら、子供同士のつながりによって子供が豊かに育つと考えているからだ。でも本当は自分の不安や悩みを打ち明けて共感できるママ友が欲しいのだ。

浜脇恵梨は子育て支援のイベントの様子や雰囲気を予め知る必要がある。そうでなければ子供を安心して参加させることが出来ないし、自分自身も前向きに参加することが出来ないからである。

浜脇恵梨は子育てに関する情報をもっと知る必要がある。なぜなら、人とのつながりの薄い中での子育ては不安で孤独だからである。

図3　ペルソナとHMW（チーム3）

HMWを発表したのち、HMWの疑問文への答えとしてアイデアを出す方法とコツについて講義し、チームに分かれてワークを行った。図3は、チーム3が作成したペルソナやHMWである。

　なお、社会人チームは10月18日のPOVとHMWの発表から参加した。途中からの参加となったため、同チームには共感ステージのインタビューを終えておくようお願いしていたが、メンバーは中央区役所の同僚や中央区のおやこふらっと広場（神戸市開設）の来訪者に対するインタビューを積極的に行い、その結果に基づくPOVとHMWを作成したうえで参加してくれた。

　11月1日には、各チームで前回授業後に検討してきたアイデアを発表し、ディスカッションを行った。その後、次のステージとしてアイデアを形にする「試作」に関し、講義とグループワークを行った。続く11月15日は、受講者が課題に関する専門的な情報をインプットする回とした。この回は、地域づくりの実践的研究に取り組んでおられる大分大学経済学部の山浦先生にご登壇いただき、地域づくりのモチベーションデザインというタイトルで事例を紹介いただきながら、地域づくりに積極的にかかわる方々の動機についてお話しいただいた。この回は、すでに行った共感の内容を改めて振り返り、地域でのつながりを作ってふるさと化を実現するうえで参考になる内容を、客観的視点からご提供いただくために設定したものである。

　最後のステージは、試作したプロトタイプをユーザに対して試し、フィードバックを得る「テスト」のステージである。しかし、ユーザーもおらず時間も限られる教室ではテストを行うことが難しいため、テストの日程は別途設定することとした。具体的には、11月25日金曜日に開催される子育てサークルに再びお邪魔させていただくこととし、他の授業などのために都合がつかない学生は参加しなくてよいが、各チームから少なくとも一人は参加するようチーム内で調整することとした。

4－4．その後の活動

　以上でデザイン思考の5つのステージを一通り終えたことになるが、この段階ではまだ解決すべき課題がありきたりであったり、解決方法も常識的なものにとどまっていた。そこで、その後の授業では、各チームがそれぞれ試作、アイデア出し、定義、もしくは共感にまで立ち戻って自分たちのプロジェクトを再検討するための時間を設けるとともに、外部の方のご意見を伺うことで新たな気づきを得るよう設計した。

　まず12月16日は、神戸市中央区の八乙女区長と松浦部長をお迎えし、各チームの発表に対して行政の視点からコメントをいただいた。また、12月20日にはデザイン会社MAQの小野氏にお越しいただき、デザイナーとしてかかわっておられる地域デザインの取り組みについてお話しいただくとともに、各チームのアイデアに対するコメントをいただいた。なお、授業はそのあと冬休みを挟むことになるため、各チームには可能な範囲でなるべく一度はなぎさ児童館あるいはふらっと広場などにインタビュー・テストに行くよう指示した。

　年明けの1月17日は、冬休みを含めた各チームの作業の進行状況を確認するための発表とフィードバックを行い、1月31日の最終発表回に向け各チームでの作業を行った。図4は、その際にチーム3が実施したテスト（1月15日）の結果を発表した資料である。同チームは先の図3のような共感内容に基づき、子育て中の母親が安心して交流できる場所、「味方」になる人がいる場所、「都合のよい」場所が必要だと考え、リストバンドで自分の態度を示すことで交流しやすくするカフェのアイデアを考えて試行した。

　右下はそのテスト結果をまとめたものである。「味方」「都合のよい」といったキーワードが重要だと考えて考案したアイデアであるが、こうした言葉の曖昧さが残っていることが見受けられる。また、事前によく考えておけば避けられたような失敗や、実施の際の工夫で解決できたような失敗

図4　テストの様子と結果（チーム3）

が示されている。しかし、いずれも自ら試行したからこそ得られた気づきや小さな失敗であり、実際にイベントを開催してテストした点で評価すべきであろう。

　チームによっては1月17日の授業後にフィールドに出て話を聞いてきたチームもあった。図5は、チーム1が1月20日と27日に行ったテストの内容を発表したものである。アイデアは、親が子供のことを気にしなくてすむような子供向けイベント、というものであり、図1の共感内容とは多少方向性が変わっている。ただし、プロトタイプと書かれてはいるものの、内容としてはアイデアを口頭で説明してフィードバックを受けた、というもののようであり、実質的には追加的なインタビューとなった模様である。

こうした段階でも、個別指導において、感情に踏み組むようなインタビューができておらず、共感を得るためのインタビューを行うべきだと指導されるようなチームがあり、教員側としても、当初の共感と課題設定とをより丁寧に指導する必要性があったことを再確認させられた。また、「多忙なため」としてメンバー全員での話し合いができておらず、意欲のあるメンバーのみがプロジェクトを主導しているようなチームもあった。他方で、社会人チームは継続的に区役所内でテストと改良を行っており、学生気分のチームとの問題意識や意欲の違いが出ていた。

PROTOTYPE①

子どもと大学生の遠足会

コンセプト
親が子どもを引率者に任せきりにすることが出来る遠足会

TEST①

1/20のテスト
協力者：3歳の男の子のママ（灘の浜在住）
FB　・子どもが喜びそうではある
　　・大人がいないとやはり不安
　　・いきなり大学生と遠足は難しそう
　　・1歳違うと体格もかなり違う

PROTOTYPE②

段階を踏んだ
子どもと大学生の交流 親の
子ども任せきり

コンセプト
親が安心して子どもを任せきりにすることが出来るイベント

TEST②

1/27のテスト
協力者：1歳の双子と4歳の息子のパパ
　　　　（脇の浜周辺在住）
FB・対象年齢は4歳以上が良い
　　・小さなイベントでもありがたい
　　・自身もこのような交流を昔持った

図5　テストの様子と結果（チーム1）

4-5. 最終発表会

　プロジェクトの締めくくりは1月31日の最終発表会である。そこでは各チームが事業アイデアを5分ずつで発表し、審査員に評価してもらう形式をとった。審査員は、脇の浜ふれあいのまちづくり協議会原永副委員長、石田副委員長、ならびに神戸市中央区八乙女区長である。審査基準としては、区の事業・まちづくり協議会の事業として「それやりたい・やって欲しいと思うアイデア」「行政目線ではなかなか思いつかないが、市民にとって価値のあるアイデア。行政でも取り入れてみたいアイデア」「問題定義からアイデアの成熟度や実現可能性など、提案として十分に練られているアイデア」といった観点を例示し、評価の参考にしていただいた。

　最終的な事業アイデアは次の通りである。まずチーム1は、子育て世代の親にとって本当に必要なイベントは、子どもから目を離しても安全が保たれ、自分が安心してママ友と話ができる都合のよいイベントである、という視点から、母親が目を離しても安全だと思えるイベントの開催を提案した。内容としては、図5のアイデアを踏襲している。図5のインタビューに基づく改善点は、遠足などの一度のイベントで子供が主催者と打ち解けるのは難しいという気づきから、イベントを複数回実施し、親が任せっきりにできる状態を段階を踏んで実現する、という点にある。ただし、実際に誰が実施するのか、大学生や先生などに関わってもらえるのか、具体的に何をするのか、といった点では未熟なアイデアとなっている。

　チーム2は、図2に示した転勤族一家の母親のためのアイデアとして、「思い出アルバム」を提案した。このアイデアは、自身はふるさとと呼べる場所があり、子どもにも地域での思い出を作ってほしいと考えている子育て熱心なママが、転勤が多いためにそれが難しい、という気づきにフォーカスし、ずっと住んでいるわけではないものの、振り返って見てみると脇の浜地域の思い出が残るようなアルバムを作る、というアイデアである。思い出に残る写真を楽しみながら取っていくために、クリアすべき

図6　チーム1の事業アイデア

図7　チーム2の事業アイデア

ミッションを設定してそれに合わせた写真撮影を行い、アルバムを完成させて修了証や景品を得る、という、取り組む意欲を引き出す工夫も加えたアイデアである。

　ミッションは、簡単に取り組めるものから地域のイベントなど思い出に残るものまでさまざまなものを設定している。行政や地元の企業などをうまく巻き込んでいくアイデアを考えており、「脇の浜ふるさと化プロジェクト」という趣旨にも最も合ったアイデアだといえる。ただし、必ずしも利益を上げる必要はないものの、収支計画が具体的でないこと、どのような写真を誰がどのように取り、どのようなデザイン・規格のアルバムに収めていくか、誰が実施しどのような協力者に協力を仰ぐのか、といった点では更なる具体化が必要だといえる。

　チーム３のアイデア（図8）は、図４でテストしたアイデアを進めたものである。テストの結果を踏まえ、「都合のよい」という言葉の意味を検討し、うまくいかなかったリストバンドの代替的方法を考えるといった改善がみられる。ただし、深い検討を行う時間が取れなかったからか、残念ながら新たな提案はアイデアの具体性という点では十分ではなく、また焦点が絞れていない様子が見て取れる。

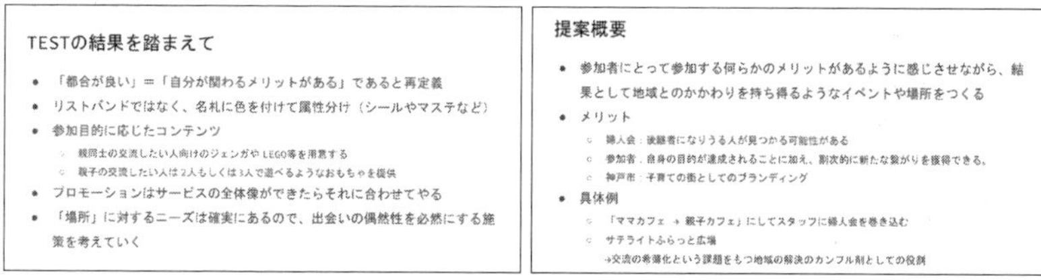

図8　チーム３の事業アイデア

最後に図9は社会人チームのアイデアを示したものである。このアイデアは、中央区役所内の子育て中の女性職員に対するインタビューから得た共感に基づき、父親の育児参加や理解の不足から生じる母親の育児負担を軽減する、というアイデアである。具体的には、母親と違って妊娠・育児を自分事と感じることが難しい父親の理解を促進するために、子どもの重さの重りが入り、妊婦の大変さを体験できる「妊婦ジャケット」を使い、一日妊婦になってみること、さらに、男性が妊婦ジャケットを着たジャケット写真を観光スポットで撮影する、皆で妊婦ジャケットを着てスポーツ観戦をする、といった形で育児参加を促進・啓蒙する、というアイデアになっている。

　社会経験の豊富さとスキルの高さを反映し、社会人チームはアイデアの具体性とプロトタイプの質において、学生チームよりもはるかに優れたアイデアを提案している。特に、スライドに加えてビデオを用意し、理解のない夫に妊婦ジャケットの着用を迫る「妊婦レンジャー」のストーリーを

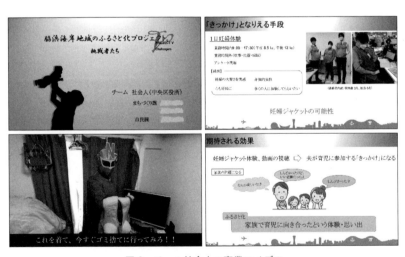

図9　チーム社会人の事業アイデア

自ら演じる（図左下）など、プレゼンテーションも質の高い内容となっていた。

４−６．ワークショップとその後の展開

最終発表の一週間後の２月７日（火）には、これまでの年と同様に、教員側からの授業の振り返りを行うとともに、「行政（公共）とデザイン」、「地理空間情報」という視点から地域課題解決の実践例について報告を行い、カジュアルに議論を行うV.School主催の公開ワークショップ「行政デザインと官学連携（2022年度）」を開催した。そこでは、参加者が互いにフィードバックを行って今後の取り組みに対して示唆を得るとともに、行政におけるサービスデザインの可能性、新しい官学連携の在り方などについて議論を行った。

このワークショップでは、内田・砂川より「脇の浜ふるさと化プロジェクト」の紹介を行うとともに、合同会社kei-fuおよび長浜カイコーの中山郁英氏より、地域の人々が集い、仲間とアイデアを形にして出港する港のような場所として開設された、長浜市のデザインセンター長浜カイコーの取り組みをご紹介いただいた。さらに、東京大学空間情報化研究センター特任研究員の小俣博司氏より、地理空間情報を地域課題解決に活かす取り組みについてご発表頂いたのち、株式会社滋賀銀行の筈井淳平氏よりフィードバックを頂き、受講生も含めたフロア参加者も加えてディスカッションを行った。

5．プロジェクト・授業の評価

５−１．社会課題の解決に関する評価

内田（2021）に詳しくまとめたように、本授業の評価は①社会課題の解

決がどこまで達成されたかという評価と②教育上の評価という2つの観点から行うのが適当だろう。①に関しては、4.5節で紹介した最終発表の4つのアイデアが、本授業のテーマである脇の浜の「ふるさと化」に対してどこまで資するものであったか、という評価となる。この点からすると、各アイデアが解決しようとしている課題はチーム2を除いて脇の浜の「ふるさと化」ではなく、子育て中（世代）の母親が抱える一般的な課題であって、課題設定の時点で①が達成されていないといえる。ただし、各チームのインタビューに協力いただいたのがそうした方々であることを考えると、ユーザーに共感して課題を設定するという点ではいずれも評価はできる。ただし、チーム1と3のアイデアは解決しようとしている課題が小さく、スケールという意味で物足りない。

実際の課題解決に向けて、どこまで具体的で実行可能なアイデアか、という点からすると、チーム1と3のアイデアは小規模なイベントであるという点では実行は難しくないと考えられるが、「誰かがやってくれれば良さそう」なアイデアではあるものの、「誰が実際に進んで実施しようとするのか」が明確でないという問題がある。チーム2のアイデアは、具体的な担い手を示しているものの、どのようなメリットを受けるからプロジェクトを実施するのか、という点で、金銭的な収支予測も含めたより具体的な検討が欲しかった。最後に社会人チームのアイデアは、具体的なプロトタイプが示され、実行可能性は高く、効果も十分に期待できるが、誰が主体となってどのように実施するプロジェクトかという点で物足りないといえよう。

ただし、こうした問題は、授業実施側の問題でもある。授業では、一貫して実行可能性の高いアイデアを求めてはいたが、実行可能性を高めるためにはどのような点をクリアする必要があるのか、具体的なポイントを示して検討を促すようなフィードバックができていなかったため、この点は今後の授業実施のために検討が必要な課題である。

また、実施者側の問題としては、「脇の浜のふるさと化」という課題設

定の適切さについても検討する必要があるだろう。本授業は社会課題の解決をテーマとする授業として設計している。社会課題は多種多様であり、その中には利潤を追求する企業が担うことのできるような、商業ベースに乗るような解決方法が出てきやすいものも多いだろう。しかし、そうした課題の解決は、大学の授業で考えずとも企業が自ら行うはずである。この授業ではむしろ、その解決方法が十分な収益につながらないような社会課題を敢えて選んでいるため、金銭的なメリットがなくてもメリットを感じるような担い手が必要とされるなど、解決が難しい課題が選ばれている可能性が高い。現実に解決困難な社会課題はまさにこうした理由で解決されないのだと考えられるが、授業としては最初から解決が難しい課題を設定することは避けたほうがよいともいえ、設定する課題の適切なレベル設定は、実施者にとっての課題である。

5-2. 教育上の評価

　授業としては、課題解決を考える過程でどのような学びを得ることができたか、という教育面からの評価も重要である。この点に関し、内田（2021）では、受講者のスキルアップが図られたかどうか、具体的には①受講者の認知上のバイアスを顕在化させ、メタ認知（自己の客観的な認知）を促進し、創造的・革新的で前向きな思考法（マインドセット）を身に着け、行動につながったかどうか、②課題の構造を明らかにして解決方法を見つけ出す力が涵養されたかどうか、③チームに積極的に参加して貢献するとともに、自分が貢献する方法を客観的に認識し、また他のメンバーの考え方を理解して調整することができたかどうか、といった評価ポイントを挙げている。また、本授業での学びはキャリア教育、すなわち社会的・職業的自立に向け、必要な能力や態度を育てるキャリア発達を促す教育でもあり、社会経験の乏しい大学生にどのような経験と知識を与えることができたかという点からも評価することができる。

実際にこうした評価を行うことは容易ではないが、授業中に行った受講者自身の振り返り（リフレクション）では、こうした点に関して学びが得られたという声があがっていた。この点を可視化するために、授業では終了後に受講者アンケートを行った。表3はそのうち「FBLXプロジェクトを経験して、よかったこと、学べたこと、成長したと思うことを書いてください。」という質問に対する回答である。上記①～③を具体的に確認することは難しいが、デザイン思考のプロジェクトを経験することから大きな学びを得たことが見て取れる。

　アンケートからは、「デザイン思考（の各段階）において、苦労したこと・困ったことを書いてください」という問いに対し、チーム1、3は共感から定義のステージを挙げる学生が多かったのに対し、チーム2はテストの難しさを挙げていたのが対照的であった。また「デザイン思考以外の段階で、苦労したこと・困ったことを書いてください」という問いに対しては、学生は作業時間の確保と時間調整の難しさを挙げることが多く、サークル活動に加えて就職活動の負担が多くなっていることの問題も示された。社会人チームからは、意義のある研修だったものの、職場が離れていたら調整が難しいため職場単位での実施が現実的かもしれないこと、学生チームに社会人が1人ずつ加わるアドバイザー的な役割のほうがよいかもしれないことなどが提案として挙げられていた。

6.　おわりに：教訓と今後への示唆

　本稿では、大学と行政・地域団体が連携して実施した本年度の「FBL-X：神戸市課題解決プロジェクト」の結果を振り返り、その評価を行った。本年度で3年目となるこの授業は、毎年の経験を踏まえて大きな改善がみられる一方で、課題設定の難しさや、実際の課題解決の達成、あるいは達成可能で実行可能なアイデアを生むといった点に関しては、依然として課題が残されたままである。授業終了後のアンケートの更なる検討も行い、受

学生	デザイン思考を他のプロジェクトで活かすことができた。想像を超えるアイデアを作るには、povがしっかりできていないと、最後のアイデアで案が絞られると分かった。話し合いを何度もするとともに、何が求められているのか、軸をもつことの重要性を学ぶことができた。
	デザイン思考という課題解決に対するアプローチを実際にプロジェクトでの実践を通して学べたこと。
	直接現地でかかわりを持つことで、課題感がより身近に感じられた。プロトタイプとして、自分がイメージしたものを形にしてみるという体験が楽しかった。自分の短所として、発表や質疑応答の際の、アピール力やパフォーマンス力が、足りていないと思ったので、次からはそこに注力できるよう、それまでの準備に余裕を持たせておこうと思いました。
	自分たちの案を実際にテストできたことが非常に良かった。シリコンバレー型起業演習からデザイン思考に興味をもって内田ゼミに入ったが、起業演習ではテストに至ることが出来なかった。しかし、自分がチームを引っ張りながらテストができたことはかなり学びになったし、成長したと実感できた。
	フィールドワークを通じてよりこの活動に対しての当事者意識が湧いた。また試行錯誤しながらグループで活動する面白さと大変さの両方を学ぶことができた。
	デザイン思考のやり方を学べたことが良かったです。
	デザイン思考について学び、実践できたこと。根拠を持ったアイデア出しができる考え方ができ、これから企業に入ったとしても必要になるだろうと感じた。
	フィールドワークで、インタビューをしたりイベントを実施したりとなかなかできない貴重な経験をすることができて良かったです。
	自分から積極的に何かすることがあまりなかったのですが、今回のプロジェクトでは自分から積極的に行動できたと思います。そして、それぞれの段階でするべきことは何かということを主体的に考えられたと思います。
社会人チーム	・デザイン思考の流れがひととおり体験することができて、日々の業務の中でも、思考の量・質・速度がわずかながらも向上したと感じます。 ・育児について自分事として真剣に考える良い機会となりました。 ・MAQ小野さんの話が非常に考えさせられるものでした。（個人的な解釈ですが、）デザインというのは、デザイン自体の設計というイラスト的側面だけでなく、デザインの展開の手法という広報的側面も含まれるということが特に腑に落ちました。
	地域の課題解決をする上での、基本的な手法や考え方を学ぶことができた。また、グループで意見を出し合いそれを集約し、1つのことを作り上げることの難しさや楽しさを知れた。
	・デザイン思考のプロセスを経験できたこと。 ・発想力の向上。 ・子育て世帯についての知識が増えたこと。 ・妊婦体験ができたこと。

表3　プロジェクト感想

講者の能力向上、ならびに解決困難とされる大きな社会課題の解決に向け
て、小さくても継続的な改善を加えていきたい。

1　本授業の実施にあたり、脇の浜ふれあいのまちづくり協議会の原永浩美副委員長、石田裕之
　　副委員長にはフィールドの提供と手厚いサポートをいただいた。また神戸市中央区役所の八
　　乙女悦範区長、松浦守総務部長、高西宏和まちづくり課長からは、行政からの支援やご登壇、
　　コメントといった形でご協力いただいた。また同区役所まちづくり課・市民課の三人の若手
　　職員の方には研修という形で授業に加わっていただき、学生たちに対して大いに刺激を与え
　　ていただいた。さらに、神戸市立なぎさ小学校の氣賀諭志校長、大分大学経済学部の山浦陽
　　一准教授からは貴重なお話をいただき、また神戸大学大学院農学研究科・V. Schoolの中塚雅
　　也先生からはゲストの調整にご協力いただいた。脇の浜地域福祉センターで開催されている
　　子育てサークルの主催者ならびに参加者の方々にはお忙しい中インタビューに応じていただ
　　いた。また授業の実施においてはV. School事務部の皆さんにお世話になった。3年前の授業
　　開始時から各種調整にご協力いただいてきた神戸市企画調整局森浩三部長、授業をともに担
　　当していただいている砂川洋輝氏（Code for Japan、V. School）も含め、皆様に厚くお礼申
　　し上げる。
2　2022年度より、V. Schoolでは学外組織と連携して行う社会連携型のPBLをFBL（Field-Based
　　Learning）と呼ぶことになったため、それに合わせて本講義もFBLに名称が変更された。

参考文献
内田浩史（2021）「第8章　神戸市課題解決プロジェクト」國部克彦ら『価値創造の教育：神戸
　　大学バリュースクールの挑戦』神戸大学出版会
砂川洋輝（2022）「第2章　2-2-6節　FBL-X：神戸市課題解決プロジェクト」神戸大学V. School
　　『価値の創造を考える：2021年度神戸大学V. Schoolの取り組みの軌跡』神戸大学出版会

FBL「未来社会とエネルギー」

祇園景子・渡邉るりこ・藤井信忠・鶴田宏樹・秋野一幸

1. はじめに

　神戸大学は2016年7月にホノルル拠点（HOKU）を設立し、アメリカ合衆国における1つの拠点として、北米だけでなく環太平洋の国々の人たちが集い、教育・研究の交流をするために2020年3月まで活用していた。HOKUは、ハワイ語で「星」の意味で、ハワイカイ（ワイキキから車で20分ほどのところ）にあるJapan-America Institute of Management Science（JAIMS）のキャンパス内の一室にあった。JAIMSと連携することで、そのキャンパスの教室やカフェテリアを利用することができるだけでなく、現地の情報がすぐにアップデートでき、大学や企業・NPOなどとのネットワークを効果的に構築することができるようになった。JAIMSは、1972年に富士通が設立した非営利教育研究法人で、アメリカのビジネス・文化を学びたい日本人や東南アジアの人たちと、日本のビジネス・文化を学びたいアメリカ人が共に学び、経営トップ候補生同士が切磋琢磨できる教育プログラムを提供している（JAIMS ウェブページ n.d.）。そのJAIMSのノウハウと私たちのField-based Learning（FBL）の手法・ノウハウを組み合わせることで、新しい価値創造教育プログラムをつくりあげることを目指して、このFBL「未来社会とエネルギー」を実施している。

　私たちは、HOKUが設置された2016年度からJAIMSと共同で教育プログラムの開発をはじめた。2016年度は「Asia-Pacific Design Thinking Seminar for Youth Fellows」と題して2.5日間のデザイン思考を中心としたプログラムを提供した。翌年からは「Asia-Pacific Problem Solving Workshop for Youth Fellows」とし、デザイン思考を基本としながらも、

問題解決プロセスを一回しすることを意識した約5日間のプログラムを開発している。いずれのプログラムも、フィールドワークを重視し、必ず現地の人たちとコミュニケーションを取って、直接ハワイの文化や価値観に触れるようにしている。2019年度までは神戸大学高等研究院未来世紀都市学研究アライアンスが主催し、2020年度からV.Schoolも共同して実施することになった。新型コロナウィルス感染症の影響で2020と2021年度は開催できなかったが、毎年夏休みを利用して5-8名の学生が参加している。本節では、2022年度にJAIMSと共同で実施したFBL「未来社会とエネルギー」について報告する。なお、本FBLは、JST START 大学・エコシステム推進型 スタートアップ・エコシステム形成支援事業の一環で実施した。

2. ハワイという場所

　ハワイは青く美しい海と空に白砂のビーチが広がる世界屈指のリゾート地である。出張でハワイへ行くと周囲へ言おうものなら、全員から口をそろえて「それは仕事ではない」と言われてしまう。そして、仕事で訪れたとしても、ダニエル・K・イノウエ国際空港に降り立つと同時に、なんだか開放的な気分になってしまう。ハワイは日本人にとってとても身近な観光リゾート地で、日本航空が1954年2月2日に初の国際線としてハワイ・サンフランシスコへの就航を開始して以来、多くの日本人がハワイを訪れている。ハワイ州政府観光局によると2019年に日本からハワイへの渡航者は1,576千人で、新型コロナウィルス感染症後の2022年は193千人と減少したが、また増加傾向にある。JTB総合研究所が2021年2月に実施した「コロナ禍におけるこれからの日本人の海外旅行意識調査」では、観光目的の海外旅行が可能になったら行きたい国・地域の第1位がハワイで、単に「好きだから」という理由で選ばれているという結果が出ている。

　ハワイの人たちの公用語はもちろん英語である。しかし、かつてのハワ

イにはポリネシア人の王国があり、ハワイ語を話していた。1895年にリリウオカラニ女王の廃位によってハワイ王国が滅亡し、1898年にアメリカに併合されることになるが、ハワイでは今でも多くのハワイ語が残っている。土地の名称はハワイ語であるし、「Aloha」というハワイ語の挨拶は日常的に使われている。ハワイから届くメールやメッセージは「Dear」でも「Hello」でもなく、「Aloha」で始まるのが普通である。ハワイの人種構成は、約40%がアジア系で最も多く、次に白人（約23%）、そして先住ハワイ人（約10%）であるが、先住ハワイ人の文化を他の人種の人たちが大切にしていることが、多文化を許容する雰囲気をつくりだし、外から入ってくる異文化の人たちに安心感を与えているように思う。文法・発音が少しおかしい英語を話しても、丁寧に聞き返してくれるし、すぐに英語が出てこずに黙ってしまっても、話し出すのをゆっくり待ってくれる。英語に苦手意識のある学生が海外へ一歩踏み出す地としては、ハワイは適しているのではないかと感じている。

　美しい海に囲まれたハワイでは、多くの物資が海の向こうのアメリカ本土や諸外国から輸送されてくる。ハワイで売られている牛乳のほとんどはカリフォルニアから輸送されたものである。当然ながら、エネルギー源となる化石燃料も島外に依存することになる。2013年時点でハワイ州での発電に利用される資源のほとんどは原油（70%）と石炭（14%）で、原油価格や輸送費の高騰でハワイ州の電気代は本土の3倍となっていた(Hawaii State Energy Office 2015)。また、気候変動への関心の高まりもあり、ハワイ州は2015年に全米50州で初めて2045年までに再生可能エネルギーの普及率を100%にするという法律を制定し、化石燃料からの脱却へ舵を切った。2045年の最終目標までに段階的な目標を設定し、2020年までに30%、2040年までに70%とすることとし（なお、法律制定の段階で、再生可能エネルギーの普及率は23%）、実際に2020年に30%の目標を達成した。現在、再生可能エネルギーの普及100%を目指して積極的に多くの取り組みが進むハワイを実際に訪ね、教員と学生が共にフィールドワーク

を通じてさまざまな問題・課題を探索し、未来の社会におけるエネルギーの在り方を考えるべく、このプログラムを開発・実施している。

3. FBLの題材としてのカーボンニュートラル

　日本では、温室効果ガスの排出量を実質ゼロにする、いわゆるカーボンニュートラルを2050年までに実現することを目指す改正地球温暖化対策推進法が2021年5月26日に成立し、2022年4月に施行された。2018年時点での日本の温室効果ガスの排出量のうちエネルギー起源の二酸化炭素が約85％を占めるため、日本におけるカーボンニュートラルを考える場合、必然的にエネルギー起源の二酸化炭素対策が重要となる。

　カーボンニュートラル、あるいはエネルギーの問題を難しくしている要因が少なくとも3つあるのではないかと考えている。1つは温室効果ガス排出量の削減は私たちに直接的な価値とはならないこと。2つ目は多視点で広い視野をもって問題を捉える必要があること。3つ目は効果がすぐには現れず、長期間の取り組みを想定した効果を予測することが必要であることである。

2種類の価値

　カーボンニュートラルの価値を考えてみると、私たちへの直接的な価値と環境への価値の2種類があることに気づくだろう。例えば、私たちはソーラーパネルを自分の家に設置するか否かを決めるとき、何が決定要因になるだろうか。たぶん、補助金でソーラーパネルをタダ同然で設置できるとか、電気代がお得になるとか、あるいは災害のときの停電に困らないというような理由で設置を決めるだろう。温室効果ガス排出量が削減できるというだけでは、ソーラーパネルを設置する動機にならないことが多い。私たちは、自分たちに直接的な価値がない（得することがない、あるいは損することがある）と、新しいものを取り入れようとはしない。これは、

カーボンニュートラルの問題だけでなく、多くの社会問題を解決しようとする場合に出てくるハードルである。

　例えば、車を1人（あるいは1世帯）で所有するのではなく、複数人（あるいは複数世帯）で所有するカーシェアリングを二酸化炭素排出量削減のソリューションとして検討してみよう。私たちがカーシェアリングを利用することで、車の販売台数が減少して、二酸化炭素排出量が減ると予想できる。一方で、私たちがカーシェアリングを使うとき、二酸化炭素排出量が減って環境によいという理由だけで利用するだろうか。もちろん、環境問題に対する危機感や倫理観などで二酸化炭素出量が減るという理由からカーシェアリングを利用する人もいるだろう。ただ、車の購入費や維持費を削減できる、あるいは、洗車などの車を維持するための手間を省けるという理由からカーシェアリングを積極的に利用する人のほうが多いのではないだろうか。

多視点で広い視野

　エネルギーの生産から輸送・貯蔵、供給、利用までの一連のサプライチェーンの各々の段階に焦点を絞った企画・開発をするのではなく、すべての段階を総合的に検討してシステム全体の変革が必要となる。例えば、家にソーラーパネルを導入した場合、これまで発電所から電線を介して送電されていたエネルギーではなく、家の中でエネルギーを蓄電したり、お湯をためたりすることで貯蔵することが必要になる。また、お湯をためて熱としてエネルギーを貯蔵した場合、電気ヒーターよりも床暖房を利用するほうが効率がよくなるかもしれないし、お湯が冷めないうちにシャワーを浴びたほうがよいだろう。生活様式までを視野に入れてエネルギーシステムをつくることが求められる。多視点で広い視野をもって問題を捉えることが必要となる。

　車の乗合い（カープール）や相乗り（ライドシェア）を二酸化炭素排出量削減のソリューションとして問題を考えてみよう。ホノルルでは渋滞緩

和とガソリン節約のためにカープールやライドシェアを奨励し、カープール・レーン（規定人数以上が乗車している車のみが走行可能な車線）を通勤時間帯に設置している。カープールを推進した場合、走行する車の数が減るため、ガソリンの消費量が減り、温室効果ガスの排出量は減ることになる。また、マイカーを所有しなくなることで、車を製造する際に発生する温室効果ガスも削減できるだろう。一方で、マイカーを持たなくなれば、車の販売台数は減ることになる。そうなると、自動車産業が衰退し、技術力も落ちるかもしれない。自動車税による税収も減るだろう。また、路線バスの利用者が減少して、廃線するかもしれない。カープール・レーンを設けることで影響を受ける産業や技術、ひいては生活様式や文化があることを理解しておくことが大切である。このように多視点で問題を捉えるために、本FBLではPLETECH（Politics［政治］、Law［法律］、Economics［経済］、Technology［技術］、Environment［環境］、Culture［文化］、Human［人（生理・心理）]）と呼んでいるフレームワークを使っている。

長期的な効果予測

　カーボンニュートラルを実現するために、再生可能エネルギーや水素エネルギーの導入、二酸化炭素分離・回収技術の開発、そして日々の生活での省エネ対策などたくさんの取り組みが進んでいるが、これらの取り組みの成果が今日、明日に出るわけではない。毎日ジョギングをして筋肉が目に見えてついてくると人はやる気になるが、カーボンニュートラルの取り組みはそういうわけにはいかない。日本では2050年までにカーボンニュートラルを達成するとし、ハワイでは2045年までに再生可能エネルギー普及100%を目指すなど、カーボンニュートラルに関する多くの取り組みは30〜40年という長期的な計画を立てている。IPCC（Intergovernmental Panel on Climate Change）による二酸化炭素排出量のシミュレーションには2100年までのものもあり、カーボンニュートラルの問題はほぼ100

年先までのシナリオを考えることが求められる。自分が生きている間に成果が得られるかどうか分からない問題である。つまり、現在の取り組みが成果の出るもなのかどうか、正しいのかどうかも分からないまま、スモールスケールの実験結果や大規模シミュレーションの結果に基づいて判断することになるため、不確実性が高くなる。カーボンニュートラルは、VUCA（Volatility［変動性］・Uncertainty［不確実性］・Complexity［複雑性］・Ambiguity［曖昧性］）と呼ばれるような時代そのものを表したような問題なのである。

　車の乗合い（カープール）や相乗り（ライドシェア）を二酸化炭素排出量削減のソリューションとした例に戻ると、毎日カープールやライドシェアを利用することで、走行する車の量が減って二酸化炭素排出量は削減するだろうが、そのとても微々たる削減量に効果があるのかどうかは誰にも分からない。

4.　FBLの設計

　2022年度のFBL「未来社会とエネルギー」は、カーボンニュートラルにおける問題・課題を設定して解決策を検討するプロセスを体験することを目的とし、バックキャスティングによって問題・課題を設定することを特徴としている。バックキャスティングとは、まず未来像を描き、その未来像を実現するために未来から逆算して現在取り組むべき課題を考える方法である。一方、バックキャスティングの対となるフォアキャスティングとは、過去のデータや実績に基づいて、その上に少しずつ物事を積み重ねて課題を設定する考え方である。したがって、最初に未来社会像を描き、その未来像と現在のギャップを問題として定義し、問題を解決するための取り組みを課題として設定したのち、解決策を検討するという流れで実施した（図1）。

未来社会像を描く	課題を設定する	解決策を設定する

未来社会像を描く

未来洞察（グループワーク）
スキャンニング手法を用いて
未来シナリオを描く

課題を設定する

現状の理解①（講義）
再生可能エネルギーに関わる政治・
法律・経済・技術・環境・文化・
人間について学ぶ

課題の設定（グループ・個人ワーク）
現状を起点に未来シナリオを実現する
ために必要なことを整理して、
問題・課題を定める

解決策を設定する

現状の理解②（調査・講義）
課題解決に必要な知識を学ぶ

解決策の設計（グループ・個人ワーク）
課題を解決するために必要なことを整理して、
事業・プロジェクトの設計・計画を立案する

発表
未来社会像から設定した課題と
設計した解決策について説明し、
教員らからフィードバックする

図1　FBL「未来社会とエネルギー」のプロセス

未来社会像を描く

　FBL「未来社会とエネルギー」では、まず未来の社会を描くことから始まる。未来社会像を描く方法は藤井と渡邉らが開発した未来洞察ワークショップを用いた。6－10名程度を1グループとし、数グループで実施するワークショップで、ホライゾン・スキャンニング（Horizon Scanning）手法を使って未来シナリオを描いていく。ホライゾン・スキャンニングとは、例えば、船乗りが大海原を航海する船の見張り台に立ち、雲の形や動きを観察して気象の変化を予測するように、水平線に目を凝らして海賊船の影を探すように、あるいは、海面の波立ちから伝説の巨大海洋生物の姿を見つけ出すようなことに似ているかもしれない。専門家やステークホルダらが現在利用可能な情報に基づいて、起こりつつある科学技術の新しい動向とそれがもたらすインパクトをさまざまな視点（社会・技術・環境・政策・倫理など）から分析する手法である（**科学技術動向研究センター** 2015、Van and Vršča 2015）。新聞や雑誌などを読んで「これは非連続な未来の芽ではないか」と感じた記事を世界中から分野を問わずピックアップし、未来への示唆を記述する。これをドライバ（推進力や原動力の意味）と呼んでいる。100以上のドライバの一覧から分析したいテーマや個人の関心などによってドライバを選択し、KJ法によって

クラスター化して、未来シナリオを作成する。ここでは、カーボンニュートラルや再生可能エネルギーなどに囚われず、自由に未来社会の姿を描くことで、多面的にエネルギー問題を捉えられるように設計した。

課題を設定する

　次に、制作した未来シナリオが、好ましいものであれば、それを実現するための、望ましくないものであれば、それを避けるための課題を検討する。カーボンニュートラルに関する現状についてPLETECHの視点から理解するために、講義やフィールドワークを通じて複数の分野に関する情報収集できるようにし、それらの情報をシステミックに整理・分析するためにシステム思考のワークショップを設計した。バックキャスティングの手法を用いて、未来社会と現在の社会とのギャップを問題として定義し、その問題を解決するための取り組みを課題として設定することで、目的と手段を分けて考えられるようにしているところはこのFBLの特徴といえる。

　ハワイでの講義やフィールドワークは、JAIMSがハワイ大学マノア校やハワイパシフィック大学、ハワイアン電力をはじめとする産業界とのネットワークを活用して、講師や視察先を選定して交渉した。V.SchoolとJAIMSは定期的にテレビ会議をして、FBLの内容を相談しながら決定している。

解決策を立案する

　　最後に、設定した課題を解決するためのソリューションを立案する。技術的な課題に対しては新たな技術開発や既存技術の改良、経済的な課題に対しては制度改革や規制緩和など、社会的な課題に対しては教育プログラムやコミュニティ形成など、それぞれの課題をどのように解決できるかを各々の受講生が考える。講義・フィールドワークや文献調査などによって情報を収集したり、教員や受講生が一緒にアイデアを出し合ったりしながら、誰も考えたことのないような解決策を構想する自由な時間を設けて

いる。また、各受講生から解決策を発表し、教員や実務者らから、あるい
は受講生同士でフィードバックすることで、解決策を見直して、未来社会
に向けて具体的な形で実行することを意識してもらうようにしている。

5. FBLの実施

　新型コロナウィルス感染症の影響があり、受講生や講師らは常にマスク
を装着してFBLを実施することになった。2022年6月2日までハワイへ
の渡航には出発前1日以内におこなった新型コロナウィルス検査の陰性証
明書が必要であったが、2022年9月時点では陰性証明書の提示は不要と
なっていた。一方、日本へ帰国・入国する場合は3回のワクチン接種証明
書あるいはフライトに搭乗する前の72時間以内におこなったPCR検査の
陰性証明書の提示が義務付けられていた（なお、この措置は2023年4月
29日に撤廃された）。ワクチンを接種していなかった人は9月11日夕刻に
PCR検査を受けて陰性証明書を取得した。

受講生

　本学の学部生が5名、博士課程後期課程の学生が1名の合計6名が受講
した。所属学部・研究科や学生などは表2の通りである。受講生の募集に
ついては、V. SchoolのWebページ、ソーシャルメディア（FacebookとX
［旧Twitter］）、V. SchoolのSlack、V. School教員担当授業、本学グローバ
ル教育管理システムGEMsなどを通じて周知した。

スケジュール

　2022年度のFBL「未来社会とエネルギー」のスケジュールは図2の通
りである。未来洞察ワークショップを2日間にわたりV. Schoolにて実施
したのち、ハワイにて土日をまたいで4.5日間にわたり講義・フィールド
ワーク・ワークショップ・発表会を実施した。

	学部・研究科	学科・専攻	学年	性別	国籍
1	経営学研究科	経営学専攻	博士課程後期課程1年	男	中国
2	経営学部	経営学科	4年	女	日本
3	経営学部	経営学科	2年	男	日本
4	工学部	市民工学科	4年	男	日本
5	工学部	市民工学科	4年	女	日本
6	農学部	食料環境システム学科	1年	男	日本

表2　受講生の属性

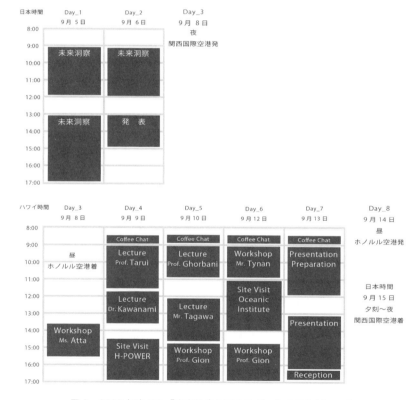

図2　2022年度FBL「未来社会とエネルギー」のスケジュール

未来洞察ワークショップ

　未来の可能性を広く探求し、新たな視点やアイデアを発掘しながら、未来社会を自由に描くためのワークショップを実施した（図3）。渡邉がメインファシリテーションを務めた。受講生はまず、100以上のドライバの一覧から自分の興味のあるドライバと今後大きな影響を与えられると考えるドライバを複数選び、それらを模造紙に書き出した。その後、ドライバ同士の関連を書き、関連性によってクラスター化した複数のドライバを使って、4つの未来社会のストーリーを制作した。

　おうちで簡単臓器養殖
　　iPS技術の発展により家庭でも臓器を再生することができるようになり、例えば、お酒を飲みすぎて悪くなった肝臓を簡単に交換できるようになってしまう。
　無限のエネルギー
　　人工光合成の技術開発が進んで実用化され、人工光合成で得たエネルギーを人間に直接供給できるようになって、食物からエネルギーを摂

図3　未来洞察ワークショップの様子

取する必要がなくなってしまう。

予測による災害コントロール

　コンピュータシミュレーション技術の進歩により、災害を予測して被害を最小限にする対策や準備を効果的かつ迅速にすることができるようになってしまう。

世界中の人がアクセス可能なバーチャル空間

　仮想空間や拡張現実の技術が発達することで、世界中の人がアクセスできる実験・研究・学びの場ができあがり、世界的な問題を解決できるようになってしまう。

講義

　経済、技術、産業の観点から4人の講師が講義をした。ここでは、Nori TARUI氏とYoh KAWANAMI氏の講義について紹介する。

Nori TARUI氏（ハワイ大学マノア校・教授）

　ハワイの経済と環境の持続可能性に関する問題について詳しく説明した。ハワイの観光業が経済に与える大きな影響と環境への負荷、化石燃料から再生可能エネルギーへの移行の挑戦、海岸侵食と海面上昇の脅威、環境負荷による経済的影響や地域社会への影響などに焦点を当て紹介した。

　2045年までに電力の100%を再生可能エネルギーで賄うという目標の下、技術の進歩とコストの低下が重要な役割を果たしている。再生可能エネルギー導入基準、税制優遇措置、分散型発電に関する政策が推進されており、ソーラーパネルを設置した世帯が電力を電力会社に売り戻すネットメータリング制度も導入されているなど、ハワイ州の再生可能エネルギー政策に関する動向について整理した。また、これらの課題に対する政策的な対応と、経済成長と環境保全、社会的公平性のバランスが取れる持続可能な解決策の必要性についても言及した。

Yoh KAWANAMI氏（ハワイアン電力・ディレクター）

　ハワイにおける再生可能エネルギーの取り組みに焦点を当て、2045年までに100%再生可能エネルギーを目標とするハワイの挑戦的な計画を紹介した。2021年時点で、再生可能エネルギー供給量は38%に達し、太陽光発電など顧客主導のクリーンエネルギー移行が重要である。しかし、太陽光エネルギーや風力エネルギーなど、さまざまなエネルギー源に関連する課題も指摘し、特に電力供給の変動による「ダックカーブ」現象について学んだ。

　太陽光発電や小型風力、蓄電池、電気自動車など、顧客が設置するエネルギーリソースの重要性に触れ、現在の電力網と将来の電力網との間の違いや、エネルギー政策立案者、規制者、顧客、業界、コミュニティ、投資家など、多様化するステークホルダーについても説明があった。また、技術、経済、政治、法律、文化、環境、人間というPLETECHの観点からエネルギー問題を検討し、ハワイにおける太陽光エネルギーと風力エネルギーの活用事例を紹介した。また、神戸市や兵庫県、関西地方における再生可能エネルギーの可能性についても言及した。

　環境保護とエネルギー政策のバランスに関する議論では、ソーラーパネル、農地、住宅地の利用のバランスに加え、ハワイの伝統的な土地利用におけるAhupua'aの概念が紹介された。人間とエネルギー政策の関連性についても触れ、再生可能エネルギーへの移行、脱炭素化への支持、平等と公平性、エネルギー政策における倫理的な概念の重要性に触れた。

フィールドワーク

　オアフ島の再生可能エネルギーに関連する施設や研究所を訪ねた。ここでは、ごみを焼却した熱で発電している発電所H-POWERと海洋マイクロプラスチックの研究をしているハワイパシフィック大学Oceanic Instituteについて報告する。

H-POWER

　毎日最大3,000トンのごみを
処理し、廃棄物の埋め立て量
を90%減らすことに貢献して
いる。ごみを焼却炉で燃焼させ
て蒸気を発生させ（図4）、それ
を利用してタービン発電機を動
かして電力を生産し、その電力
はハワイアン電力によって顧客
へ供給されている。この施設は
ハワイの廃棄物管理に大きく貢

図4　H-POWERの視察の様子（写真奥
にある窓の向こうにごみの山が見える）

献するだけでなく、オアフ島の電力需要の約10%を賄っている。さらに、
H-POWERの運営は環境への影響を最小限に抑え、温室効果ガスの排出
削減に貢献している。また、毎年大量の金属をリサイクルに回収しており、
地域の環境持続可能性の向上にも取り組んでいる。なお、H-POWERの
隣にあった石炭発電所は2022年9月をもって閉所し、ハワイ州は石炭の
輸入を完全に止めた。

ハワイパシフィック大学Oceanic Institute

　この研究機関は、プラスチック海洋ごみの発生源、移動、および影響を
調査するための最適な方法を開発して、その方法を普及している。海洋環
境におけるこれらのプラスチックの起源と動きを特定し分析する包括的な
研究を進め、最終的に生態系に与える影響を調査している。

　研究の重要な側面の1つは、マイクロプラスチックの研究報告方法の標
準化である。さまざまな研究で使用される方法が多様であるため、結果を
比較および統合することが困難になっている。この問題に対処するため
の一連の報告ガイドラインを開発している。ガイドラインは、環境および
実験室レベルでの研究報告を標準化するのに役立つように設計されており、

マイクロプラスチックの研究結果の再現性と比較可能性を高めることを目的としている。また、一般の人たち、特に子供や若い人たちに海洋ごみ削減について関心を持ってもらうための環境保護活動やワークショップなどを実施している。

ワークショップ

3つのワークショップを実施した。ここでは、「Creative Arts」と「Hawaiian Culture」について紹介する。

Creative Arts　講師：Su Atta 氏

受講生同士で話をしたり、絵を描きながら、自己表現を通じて創造性を醸成するワークショップで、5種類のワークをおこなった。ホノルル到着後の午後におこなうので、楽しみながら創作ができるように設計している。

①違う名前を言う

いろいろな物を指さしながら、違う名前を言うという単純なワーク。例えば、えんぴつを指さしながら「じゃがいも」と言ったり、机を指さしながら「コーヒー」と言ったりする。視覚から想起される言葉と違う言葉を発することで、脳の活動を刺激する。

②両手で同時に絵を描く

両手で同時にそれもシンメトリに線を引いて絵を描く。右手の動きは左脳、左手は右脳が担うため、これも脳の活動を刺激する。

③正方形の枠の中にイニシャルマークをつくる

黒えんぴつで自分らしいイニシャルマークを描く。植物が好きであれば、葉や花を模したイニシャルマークを描いたり、カチッとした性格であれば、直線を使って描くというようなもの。自分とはどのような人なのかを考えながらおこなうワーク。

④自分の好きなものや大切なものの絵を自由に描く

さまざまな色のマジックペンを使って、缶の箱のふたに自由に絵を描く（図5）。自分の大切にしていることや、その時の自分の気分などが現れる。

Hawaiian Culture　講師：Ty Tynan氏

　Tynan氏のチャントでワークショップが始まった。教室の四隅に祈りをささげたのち、ハワイ独自の文化的、社会的、精神的特徴について説明があった。ハワイには伝統的な精神的価値観があり、その多くが先住民の子孫によって継承されて、ハワイ語での表現が残っている。そのうちの1つに「Aina」がある。「土地」という意味だが、土地、自然、そして周囲の環境に対する敬意を表す言葉である。感情というよりも、環境に対する哲学的な意味を含み、土地に対する責任感も含んでいて、現在の持続可能性という考え方に通じるという。

　ハワイ文化や価値観についての講義を受けたのち、車座になって各受講生と対話をした（図6）。環境について、自分のことについて、そして家族や友人について語り合い、自分の価値観を考える機会となった。

図5　ワークショップ「Creative School」
　　　の様子

図6　ワークショップ「Hawaiian Culture」
　　　の様子

最終発表会

　受講生全員が英語で未来社会とエネルギーに関するアイデアを発表した。例えば、人工光合成車がエネルギーをつくって、エネルギーが必要なところに駆けつけるアイデアや、台風からエネルギーをつくるアイデア、海藻が海中で揺れるのを利用してエネルギーをつくるアイデアなど、突飛だが、ひょっとすると実現できそうなアイデアがたくさん出た。各々の発表に対して、講評者や教員からフィードバックし、アイデアの独創性や実現可能性について議論した。

6. おわりに

　ハワイという土地柄の効果もあるかもしれないが、このFBLの満足度は毎年とても高い。すべての受講生が「このFBLで学んだことは重要であるか」という問いに5段評価で「1. とても重要である」と回答している。ワークショップやフィールドワークだけでなく、講義の評価がとても高い。また、受講生同士が仲がよくなり、FBL終了後も一緒に食事に行くなど連絡を取り合っているようである。新型コロナウィルス感染症流行前の受講生は卒業後にホストファミリーを訪ねるということもあったようで、人と人とのつながりを大切にしてくれていることも、このFBLの大きな効果の1つでもある。今後、ハワイ大学との関係を強化して、学生同士のネットワーク構築も力を入れたい。

　受講生の満足度は高いものの、FBL受講後にエネルギー問題についてさらに深く学習しているかというと、そうとは言い切れない。受講後のアンケート結果も、「大学でさらに学びたくなったか」という問いには5段階評価で「5. とてもそう思う」ではなく「4. そう思う」とする受講生が多い。これは、V.SchoolのPBLやFBLのすべてに見られる傾向だと感じている。受講生が各々の専門科目への興味につなげられるようにするにはど

うすればよいのか検討が必要である。それには、各専門の研究者・教員の
協力が不可欠である。

科学技術動向研究センター（2015）『ホライゾン・スキャンニングに向けて～海外での実施事
　例と科学技術・学術政策研究所における取組の方向性～』STI Horizon、Vol. 1 No. 1
Hawaii State Energy Office (2015) Hawaii Energy Facts & Figures
　chrome-extension://efaidnbmnnnibpcajpcglclefindmkaj/https://energy.hawaii.gov/wp-content/
　uploads/2011/10/HSEO_FF_May2015.pdf（2023年11月19日閲覧）
JAIMSウェブページ（n.d.）https://www.jaims.org/（2023年11月18日閲覧）
Van, L. and Vršča, D. (2015) Towards Scientific Foresight in the European Parliament.
　European Parliamentary Research Service

第 3 章

5th Global Conference on Creating Value

神戸大学V. Schoolの国際的側面における価値創造に向けて：Global Conference on Creating Value のレビュー

Naoko Komori（小森尚子）・祇園景子

1. はじめに

　ここ数年、ビジネス界や学術研究者の間では、価値と価値創造というテーマに大きな関心が寄せられている。2019年のビジネス・ラウンドテーブルにおいて、米国の大企業のCEOたちが、企業の目的は株主に奉仕することだけではなく、すべてのステークホルダーのために価値を創造することに合意したが、この時に共有された考えが2020年のダボス会議にも反映されている（Shook and Suntook 2021）。このような国際情勢を背景に、2022年9月2－4日の3日間にわたり、北陸先端科学技術大学院大学（JAIST）にて、第5回 Global Conference on Creating Value（GCCV）が開催された。第5回のGCCVはJAISTの主導のもと、日本で開催されたが、その活動には神戸大学V. Schoolも当初の段階から関わってきている。この章の著者のKomori（小森）は、第4回GCCVの主催者の一人として、また第5回GCCVでは学術論文プレゼンテーターとして貢献してきた。一方、祇園と鶴田は、初期の段階から神戸大学V. SchoolとGCCVとの関係を構築することに貢献し、ここ最近行われた第6回GCCVで祇園は学術論文プレゼンテーターとしても貢献している。ワシントンDCで行われたその国際会議では、玉置久スクール長がValue Creation Future Panel に招待されたことからも見受けられるように、GCCVはV. Schoolの国際的な活動の重要な役割を担っている。これらの経緯を踏まえて、こ

の章では、GCCVのバックグラウンド、特にその基盤を形成している
Creating Value Alliance（CVA）と、神戸大学V.Schoolとの発展の経緯
を紹介したうえで、第5回 GCCVをレビューする。最後に、V.Schoolの
国際的側面における今後の可能性について考察する。

2．Creating Value Alliance について

　Creating Value Alliance（CVA）　は、Gautam Mahajan 氏　と Peter
Stokes氏（De Montfort大学、英国）によって2019年に設立された。彼
らの意図の根底には、価値創造をめぐる関心の高まりを反映し、そこに流
れる考えを発展させ、活性化したいという願いがある。CVAは、ビジネ
スリーダー、政策立案者、学識経験者を結びつける国際的なネットワーク
型団体として形成されている。その目的は、実務面での活動のみを重視す
るのではなく、学術界との共創にある。学術界と実務界を行き来すること
により、価値創造に関する考え、知識、優れた取り組み（good practice）
を提示し、共有し、教育する一方で、これらに基づいて助言し、行動する
ことを通じて、政府、機関、企業、個人による価値創造を促進していくこ
とに重点を置く。
　CVAのもう1つの目的は、これらの活動を通じて、価値創造の考え方
を国境を超えて、広く普及していくことにある。特にここ数年、価値と価
値創造に関連する研究・教育機関が欧米をはじめとして数多く設立されて
いる（Komori 2002）。デンマークのAalborg University Business Schoolで
はCustomer Value and Sales Research Centreが設立されている。当セン
ターの目的は、顧客、ビジネス、社会との新たな統合的対話を促進するこ
とにより、販売における革新的な価値共創を促すことにある。オランダの
Amsterdam Business School では、オンライン学習プラットフォームで
ある The Creative Value Academyが設立され、価値創造の分野における
国際的な学習経験を提供している。米国Maryland大学のThe Robert H.

Smith School of Businessは、Centre for Social Value Creationを設立し、社会的インパクトの重要性を認識したうえで、企業に対してこうした価値観を浸透させるための支援をしている。CVAはこれらの大学における研究・教育機関をネットワーク・メンバーの中枢におき、他の機関（一例として、ポルトガルのNova de Lisboa大学Nova School of Business and EconomicsのThe Value Creation Wheel Lab）ともパートナーシップ提携をしている。そのほかにも、英国、フランス、デンマーク、イタリア、ポーランド、ドイツ、オーストラリアなどの多様な国々において、活動的なメンバーが増えている。

　これらCVAの活動の根底には、創始者のMahajan氏の経験知が基盤となっている。彼は過去20年間、GEやタタスなどのコンサルティングに携わり、18の米国特許を持つ。これらの経験から彼が力を入れているのは、豊かな価値創造の方法を模索して推進するための国際的なアライアンスの創設であり、その創設に意欲的に携わってきた（Boukouyen and Mahajan 2021）。先述の大学における価値創造の研究・教育機関の立ち上げに大きな協力をしていると同様に、日本の価値創造に関する価値創造教育の発展にも積極的に関わろうとしている。

　CVAがアカデミック面として強調しているのは、価値創造とは、会社業績としての価値を上げることだけでなく、顧客のための価値創造（customer value creation）に重きをおく必要があるという点にある。企業活動における価値創造活動では、おのずと財務成績を上げることが主目的となる。CVAはこの暗黙の前提に挑戦し、顧客のための価値創造がひいては、企業の価値創造に結びつくという考えに立脚している。企業活動の中でも、差別化、イノベーション、ビジネス・エクセレンスの追求をはじめとして、価格規律の向上、優れた価値、顧客志向の改善など、企業全体にわたる総合的な価値創造活動を企業組織内部に根付かせるよう支持・支援していくことを念頭においている。

　このような考えのもと、CVAは主に2点の活動に軸足を置く。1つは

価値創造に関する国際学会（GCCV）の立ち上げと発展、そして、国際アカデミック・ジャーナル*Journal of Creating Value*の発行である。このジャーナルの編集委員には、Phillip Kotler氏、Stephen L. Vargo氏、Hermann Simon氏、James C. Spohrer氏、V Kumar氏 など、主にマーケティングおよびサービス・システム、サービス・マーケティングを主要な専門研究領域にもつ学術研究者や実業家、実務家から成る。編集委員のメンバーに実務界のメンバーが加わっているところにも、CVAは学術界と実務界のインターアクションを構築することに重点をおく考えが反映されている。

3. V. SchoolのCVAへの参加と第5回GCCV

　「価値創造」がキーワードとなっている昨今では、日本においても価値創造を対象とした教育や研究が顕著に見受けられる。神戸大学V. Schoolは、各研究科・学部から独立した部局横断型組織として2020年4月に設立され、教育プログラムを全学生に提供している（國部ら 2021）。同様にJAISTは、博士後期課程の「価値創造実践プログラム」を開講し、「価値創造」に関した学問体系を習得することができる大学としての地位を確立している。そこでは、未来社会をデザインするための知識やアイデアの創造、蓄積、活用のメカニズムを発見することを目的に、人文科学、社会科学、自然科学の垣根を越えコラボレーションを促進するための学際的な教育プログラムが体系的に組まれている（Kohda 2021）。一方最近では、同志社大学に社会価値研究センターが設立された。当センターは価値創造の測定、モニタリング、報告、評価システムを開発する研究に重点を置いている。

　このように、日本の大学において価値創造をめぐる、新しい教育・研究機関が生まれている。そこには、大学の教育、知識、実践の妥当性を再考し、これらを次の世紀にふさわしい新たな役割を担うものとして再編成す

る必要があるという認識が反映されている。特にここ数年、パンデミックや世界規模の戦争など、人類が直面する外在的な課題に直面し、経済・社会活動の基盤が揺らいでいる。このような状況の中、何を「価値」と見るか、またその価値はどのように創造されるのかに関する我々の「知」を、根本的に見直す必要性が大学はもちろんのこと、社会全体に課されている (Komori 2022)。絶えず変化し破壊的な世界の挑戦に備えるためには、価値創造に関して、国内だけでなく、国境を取り払ったうえで、価値創造のための方法を評価し、共同創造するための「知」を構築することが今後も重要になってくると思われる。その上でも、多様なバックグラウンドをもつ研究者や実務家が出会い、交流する GCCV は意義深い場を提供していると考えられる。

　GCCV は毎年英国やフランスを含めた、異なる場所で開催されている。第1回 GCCV は、2018 年5月に英国 De Montfort 大学で開催された。当時、祇園と鶴田は価値や価値創造について世界ではどのような研究や教育があるのか調査を進めており、GCCV のウェブページを見つけたことがきっかけで、第1回 GCCV に参加することになった。そこで Mahajan 氏との交流がはじまり、翌年 2019 年 10 月に神戸大学、JAIST 並びに CVA との共催で International Conference on Creating Value for the Future of AI and Society が神戸大学にて実施される運びとなった。2020 年4月には V.School が設置されたのを機に、國部前スクール長が Mahajan 氏と意見交換を重ねるようになり、スクール長が CVA のリーダーに名を連ねるに至った。第4回 GCCV はパンデミック下のロック・ダウン中ということもあって、オンライン・カンファレンスとして行われた。専門分野だけでなく、研究者のバックグラウンドも多様である国際学会の特徴を反映して、会議は3日間にわたり、欧州、北米、アジア・オセアニアの地域別セッションに分けての開催となった。それぞれのセッションは、キーノート・スピーチに続き、パネルディスカッションが行われた。そこでは、企業経営者は価値を創造し、利益を向上させることができるために、何が重

要なのか？　どうすれば社会的・環境的フォーカスを重要視することができるのか？　重点をおくべきは、ステークホルダーのために（for）価値を創造することなのか？　ステークホルダーから（from）より多くの価値を引き出すことなのか？　などの活発な議論が交わされた。

　Komoriが Regional Director を務めたアジア・オセアニアのセッションでは、価値創造教育をあり方をテーマとして設定し、学術界はどのように価値創造に関する思考と教育を構築することができるのか？という問いについて考察することに重点を置いた。キーノート・スピーチでは V. School (Kokubu 2021) と JAIST (Kohda 2021) における価値創造の教育実践が紹介され、それぞれの工夫点と課題について話し合う場が設けられた。パネル・ディスカッションの1つには、藻谷浩介氏（日本総合研究所）を招待し、日本の事例を紹介して頂いたうえで、里山キャピタリズムが提起する価値創造についての議論へと導かれた。

　この流れを引き継いだ第5回GCCVはまだコロナウィルス感染症の流行期にあったため、対面参加とオンラインのハイブリッド方式が用いられた。双方の方式がとられたことに加え、金沢という土地柄も手伝って、充実したキーノート・スピーカーが対面でもオンラインでも出そろい、カンファレンスの会場は多くの参加者で盛り上がった。対面参加を盛り上げるために、レセプションやバンケットを通して、日本の文化に触れる機会が適度に設けられたことも、その盛り上がりの理由の1つに挙げられるであろう。

4.　第5回GCCVのレビュー

4.1　全体の構成

　第5回GCCVは2022年9月2－4日に金沢市文化ホールにて開催された。3日にわたるカンファレスは、1日目は「教育における価値創造」、2日目

は「社会における価値創造」、そして最終日は「ビジネスにおける価値創造」というテーマが設定された（5th Global Conference on Creating Value ウェブページ 2022）。カンファレンスの形式は、特別セッション、キーノート・スピーチ、学術論文セッションの3通りからなり、それぞれのテーマによって適切な発表形式が取り入れられた。そのほかにも、ビジネス・実務において価値創造活動に貢献している人たちのスピーチがそれぞれの日にあった。

4.2　特別セッションとキーノート・スピーチのレビュー

初日の「教育における価値創造」では、鈴木寛氏（東京大学）がキーノート・スピーチとして登壇した。21世紀の新しい教育には、哲学や歴史から学びWell-being と価値の見直しが不可欠であり、そのためにも、アメリカの経済学者で社会学者であるThorstein B. Veblen氏のいうところの製作本能（instinct of workmanship）、親性性向（parental bent）、好奇心（idle curiosity）を育てること重視をする必要があること、それには哲学や歴史から学ぶことの重要性が強調された。

それに続き、特別セッションとして、Globalizing Creating Value and Its Educationというテーマのもと、CVAの主要ネットワーク・メンバーによるオープン・ディスカッションが行われた。Mahajan氏が議長を務め、國部克彦前スクール長をはじめとして、Karina B. Jensen氏（Aalborg大学）、Nima Farshchi氏（Maryland大学）、Philip Sugai氏（同志社大学）、神田陽治氏（JAIST)がそれぞれの価値創造教育機関の問題点と可能性について話し合った。Aalborg大学とMaryland大学からは、研究・教育を推し進めるにあたって資金が必要であること、またその源泉をどこに求めるかが重要であることが述べられたのを受けて、Mahajan氏がCVA活動を制度化できる可能性（例えばCreating Value の資格［証明書］を付与できるシステムを作ることなど）を投げかけた。その可能性の1つとし

て、國部前スクール長からは産学連携を強化する中で、その基盤に立脚した Creating Value Platform を構築していく、という斬新な提言がなされた。JAIST の神田陽治氏はプラットホームを構築するにあたっては、企業と学生の知識の非対称性が1つの障害になりうることを指摘され、今後の教育にはデータ主導型ではなく、Emotional Intelligence Quotient（EQ：心の知能指数）などのソフト面を強化する必要があるとの示唆深い指摘がされた。一方、同志社大学の Philip Sugai 氏が Value の意味はあいまいで、その使い方には気を付けないといけない、CVA のいうところの Value は営利企業の意味するところの Value とは異なる、我々の間でもその意義について突き詰めて合意することが必要であると言及された。Komori が学術論文セッションにて先述の価値創造教育に関する教育・研究機関について触れ、グローバル化と価値創造教育について発表した（Komori 2022）が、その時のタイトルと議論がこの特別セッションの議論に取り入れられていることを見るのは興味深く、嬉しい偶然であった。

　2日目「社会における価値創造」では、キーノート・スピーカーとして Philip Kotler 氏（Kellogg School of Management）が登壇し、マーケティングの本質は顧客、従業員などのステークホルダーの Well-being を高めることにあると強調した。それに続き、James Spohrer 氏（IBM Research）が AI と将来の価値創造について、Robert E. Quinn 氏（Michigan 大学）が　個人、組織の変容ダイナミズムと価値創造について発表した。3日目「ビジネスにおける価値創造」のキーノート・スピーチでは、久夛良木健氏（近畿大学）がプレイステイションをはじめとするコンピューター・エンターテイメントの変遷について話をした。

　実務界と学術界の共有の場としての意義をもつこの国際学会のキーポイントの1つは、さまざまなバックグラウンドをもち、ビジネス界にて価値創造活動に貢献している人たちスピーチにある。そして2つ目は、新しい「知」が学術論文によって生成されることである。以下では、2日目に行われた学術論文セッションでの論文をレビューする。V.School メンバー

の研究テーマとの関連や共有テーマを検討したり、バックグランドが異なる研究者との対話を促すうえで参考になるだろう。

4.3　学術論文セッションのレビュー

　学術論文セッションは「（ポスト・コロナ）の価値創造の観点」を大きなテーマと掲げ、次の3つのサブテーマからなる。
（1）ビジネスにおける価値創造
（2）AIとデジタル化を通じての価値創造
（3）社会における価値創造
　それぞれのサブテーマについて、4本の論文（計12本）の発表があった。

（1）ビジネスにおける価値創造

●マーケティングにおける価値創造の触発としての科学（Paul Tedesco、McMaster大学DeGroote School of Business、カナダ）

　マーケティングにおいて企業と顧客の間で行われる価値交換は、科学の進歩によって過去10年の間に、価格やパフォーマンスを超えた複雑な交換モデルへと進化した。このような交換は、感情的・金銭的な利益、製品性能、アクセシビリティといった形で組織が提供する価値について、顧客がリアルタイムで評価し、その見返りとして、企業は金銭的な報酬、時間の購入継続性、アクセスのしやすさといった価値を受け取る。したがって、価値創造を目的とする組織の目標は、提供される価値と受け取る価値のバランスをとり、最大化することである。これを達成するために、組織は科学を駆使して、1:1ベースでパーソナライズされた価値を提供することで、無駄な価値を排除する必要がある。この論文は、顧客個人レベルにおける、価値を分類し、その交換を測定するための正式なモデルを提案している。

●誰のための価値創造なのか？；価値創造の地政学（Naoko Komori、神戸大学 V. School、日本／ Phronesis Design Studio、英国）

　世界的なパンデミックや戦争など、人類が直面する外生的な課題に直面して、経済・社会活動の基盤が揺らいでいる中では、価値と価値創造のプロセスに関する我々の「知」は、根本的な再考を必要としている。大学はその教育の妥当性を再考する必要があり、学術研究者は価値をどのように定義するのか、価値創造に関してどのように教育するのか、再検討するよう求められている。この論文は、これらの分野に関する研究が、新古典派経済学の前提を反映して、ビジネス主導の価値創造に焦点を当てる傾向がある、と指摘する。本稿では、このような経済的価値という概念が支配的な中で、異なる社会文化的コンテクストの中で人々が持つ多様な価値が公正に表わされているのか、というクリティカルな問いを立て考察している。その切口として、第4回 GCCV のアジア・セッションの Regional Director を務めた経験を振り返り、価値創造プロセスにおけるイノベーションを形成する上で、何が重要な役割を果たしているのかについて考察している。

●宇宙ビジネスにおける価値創造と地球観測サービスの商業化：EU H2020 プロジェクトの事例（Luis Filipe Lages、Nova School of Business and Economics、ポルトガル［オンライン］）

　欧州共同体（EC）のホライズン資金によるプロジェクトなどでは、宇宙、陸地、海洋の持続可能な価値の創造プロジェクトが立ち上げられ、持続可能な開発目標（SDGs）に沿った経済のグリーン化の要請に応えることを目標に遂行されている。その中でも特に、グローバル化、デジタル化、技術の進歩により、宇宙ビジネスと衛星を利用した地球観測（earth observation：EO）分野は飛躍的に成長している。EO は、大気、陸地、河川、湖沼、海洋のモニタリングを可能にし、数多くの産業に対する数多くのアプリケーションを開発することができる。同時に、これらすべての

要因が、各々の分野の組織リーダーに新たな緊張と逆説をもたらしている。本稿は、宇宙における価値創造、特にビジネスとEOサービスの商業化における6つの主要な緊張とパラドックスを取り上げる。リーダーは1）財務的価値vs環境的価値vs社会的価値の創造、2）機能性vs人間中心のデザイン、3）技術プッシュ型vs市場プル型、4）グローバル市場ソリューションvsローカル市場ソリューション、5）集中型オンラインvs分散型オンラインアプローチ、6）協力と競争の視点について最適解をどのように求めるかを問われることになる。この論文は、これらの緊張関係がどのように解消したのかについてECのH2020 NextLandプロジェクトの特定の文脈で分析し、経営的および公共政策的な含意を述べている。

●価値創造文化の企業組織内での実践法（Moshe Davidow、Israel Institute of Technology、イスラエル）

　本稿は、価値創造戦略を実際に組織に導入し、成功させる方法について詳述する。組織における価値創造戦略の必要性については多くのことが書かれているが、そのような文化を実際にどのように導入するかについてはほとんど議論されていない。本稿は企業変革をリードするのに最適なグループは、苦情処理部門であると主張する。顧客と頻繁に接している彼らは、顧客中心の組織になるための文化変革の必要性を最も鋭く感じている。従業員はクレームをつけてくる顧客と争うのではなく、顧客と協力し、彼らと一緒になって問題を理解し、適切な解決策を見つける。したがって、問題の発生理由、解決方法、予防方法が理解できると考えられる。本稿が次に提案するのは、すべての従業員、そして従業員から構成される組織のローテーションを開始することである。新しい文化を発展させたのちは、全従業員（上級幹部やCEOを含む）を4半期ごとに1週間（年に1ヶ月）、部署内でローテーションさせることが有効であると考える。彼らは、顧客満足度にどのような違いがあるのか、従業員が自分の仕事をより幸せに感じているのか、そして従業員同士が互いに助け合いながら仕事をして

いるのかについて実際経験することになる。この論文では、そうすることで、新たな組織文化が迅速に吸収され、インパクトをもたらすことが可能となる、と強調されている。

（2）AIとデジタル化を通じての価値創造

●価値デジタル化のためのマトリックス（Karina Burgdorff、Aalborg University Business School、デンマーク）

　顧客関係管理システムの導入以来、営業プロセスや営業管理の一環として、デジタル化やテクノロジーに関心が寄せられてきた。しかし、高度にデジタル化されたポスト・パンデミック社会であっても、80％の企業が導入したテクノロジーから期待された成果を得られていないという調査結果が出ている。研究によると、その原因は領域固有の技術的コンピテンシーの欠如にあり、企業にとってテクノロジーとデジタル化の可能性を享受するには、さらなる投資が必要となり、潜在的なリスクが生じる可能性がある。そのため、企業は技術的な可能性を賢く選択する必要があり、営業プロセスの各ステップにおいて、何を採用し、何を採用しないかを賢く選択する能力と知識が必要である。言い換えると「最も価値を生み出すものは何か」ということになる。価値とは経済的、社会的、ビジネス的なものと定義される。本稿では、あるソリューションが提供する価値を決定するための新しいフレームワークを提案する。価値デジタル化マトリックスをマッピングし、理解するための最初の予備的作業である、この価値デジタル化ミックスフレームワークは異なる業種の6つの企業の代表者と共に、企業におけるアクション・リサーチの場で開発されたものである。

●地域共同体のプロジェクトのスタートアップにおける価値創造プロセス：日本の電子通貨導入のケーススタディ（兼清慎一・伊藤泰信、山梨県立大学・JAIST、日本）

本稿は、日本のある地方都市で導入された電子地域通貨導入のケースス
タディを取り上げ、地域コミュニティ・プロジェクトの立ち上げ段階に焦
点を当て、その価値創造プロセスを明らかにする。このケーススタディで
は、通貨を運営するコミュニティ・マネージャーの価値提案の言説に焦
点を当てた。分析には社会心理学者George H. Mead氏の コミュニケー
ション理論を用いる。プロジェクトの初期段階での価値提案は、経営者の
ステークホルダー、すなわち地域の市民や商店には受け入れられなかっ
た。しかし、新たな価値が提案され、その価値についての言説がステーク
ホルダー以外の人々との間で再構築されるようになった。新しいプロジェ
クトの立ち上げという予測不可能な未来を前にして、価値を創造すること
は、価値提案者にとって試行錯誤のプロセスである。このケーススタディ
は、価値の再構築が、ステークホルダーではない「他者」とのコミュニ
ケーションによっても生まれることを示している。

●営業プロセスを再考する：人間とAIベースのテクノロジーの相互作用
（Stine Wandet・Emma Søgaard Sørense、Aalborg University Business
School、デンマーク）
　既存の研究では、インダストリー4.0が営業を含むビジネスプロセスに
大きな影響を及ぼしているとされ、営業プロセスを見直す必要性が議論さ
れている。本稿では、その根底にあるアルゴリズム、そしてテクノロジー
全般の影響を探ったうえで、営業プロセスを再考する。具体的には、複
数のインタビューと2つの企業の事例を観察することで、Aalborg Sales
Process Modelと題された革新的な営業プロセスを実証的に検証した。収
集したデータからは、テクノロジーが現代の営業プロセスにおいて重要な
役割を果たしていること、さらに人間のインタラクションとAIベースの
テクノロジーの協調的な相互作用により、適切な情報を適切なタイミング
で提供し、それゆえ目的のためのデータを見つけることを容易にすること
が示唆された。

●AIとデジタル化を通じての価値創造（Amrita Dass、Institute for Career Studies［ICS］、インド）

　2030年に存在するであろう仕事の85％はまだ概念化されておらず、現在の学生たちは、生涯で少なくとも5つの異なるキャリアを歩むことになると予想されている。このようなVUCAの世界における転換期においては、最適な方法でキャリアをナビゲートするための適時のカウンセリングとガイダンス、すなわち科学的なキャリア・カウンセリングの専門知識を世界のどこにいる学生にも提供できるデジタル・プラットフォームが不可欠となる。そのようなプラットフォームは、1）科学的に設計され実証された一連の心理テストを提供し、ユーザーの興味、適性、才能に基づいた最適なキャリア・ポートフォリオを特定し、2）経験豊富なキャリア・カウンセラーへの円滑なオンライン・アクセスを提供し、コース、キャンパス、キャリア、奨学金、インターンシップ、進路などに関する最新の情報へのアクセスを容易にする必要がある。AIの次のステップとして、特定のユーザーの入力データから最適なコースやキャリアを提案し、多数のデータセットから正確な方程式を見つける機械学習モデルが不可欠となる。発表者らが開発したICS Career GPSは、この方向への一歩となるアプリケーションであり、最新のテクノロジーやデジタルトレンドを倫理的に活用することで、新たな価値を創造すると考えられる。

（3）社会における価値創造

●価値ダイナミクス：実現に向かって（Raj Bhattarai、Tribhuvan大学、ネパール）

　個人も組織も、自分の意図する目的に集中し、その目的を実現するために意図的な努力を払っている。その中では、一方的な貨幣価値の実現が優先されがちで、他の価値主体の実現が遠ざけられている傾向にある。本稿は、実現のための包括的な概念フレームワークを提示する。この枠組みは、

さまざまな種類の価値に関する前提、行動、成果（AAA）のすべてを統合し、そのうえで互恵性の原則に基づいて構築された9つの経路を開示している。それ以外の18の経路に関しては、価値主体の裁量に委ねる一方で、この論文はAAAの整合性測定のための公式を提案している。

● 日本のSociety 5.0に流れる価値創造の価値について：シンガポールの スマート・シティから学ぶ（Ashok Ashta、北九州市立大学、日本）

2015年に日本政府が提唱した「経済発展と社会的課題の解決を高度に両立させた人間中心の社会」を構想する「Society 5.0」への関心が高まっている。Society 5.0はデータに基づく知識集約型であり、ビッグデータと人工知能（AI）がより良い持続可能な人間生活のためのソリューションを提供する。Society5.0は、日本が問題先進国から問題解決先進国へと移行するために重要であると考えられる。もし 日本が「活力ある高齢化社会」や「ゼロ・カーボン社会」といった課題解決型モデルの実践に成功すれば、そのようなモデルの下で開発された技術やシステムは、発展途上国の国や地域に輸出することができるからである。一方、従来の社会におけるスマート化の現状では、シンガポールが世界をリードしている。そこで、次のリサーチ・クエスチョンを考察することが重要になってくる。すなわち、シンガポールの社会がスマート化するにつれて、人々の価値観はどのように日常体験に現れるのか。この問いに答えるために、この論文では価値と価値創造の理論を用いた試みがとられている。

● ビジネスモデルの選択による社会的価値創造：社会起業家精神のケース ススタディ（Filipa Lancastre・Carmen Lages・Filipe Santos、NOVA School of Business and Economics、ポルトガル［オンライン］）

社会起業家精神（SE）、つまり社会問題への取り組みに焦点を当てた組織の立ち上げプロセスへの関心が高まっている。社会起業家は常に社会問題を解決するための革新的なアプローチを開発している。例えば、障碍者

のインクルージョン、十分なサービスを受けていない人々への銀行サービスの提供、遠隔地における教育プログラムへのアクセスなどである。一方で、社会起業家たちは、立ち上げの段階から必要なリソースを欠いていることが多い。本稿は、社会起業家が自らの組織のビジネスモデルをどのように選択しているのかについて調査することを目的としている。異なるタイプのモデルがそれぞれどのように価値創造を組織化して維持するかについては、商業的なビジネスモデルに焦点を当てて説明される傾向があり、そのためSEビジネスモデルの選択のダイナミクスに関する知識は不十分のままである。そのギャップを埋めるべくこの論文は、事前に特定された40人の社会起業家のうち、選択したビジネスモデルのサンプルをもとにインタビューを行い、既存のビジネスモデルの包括的なセットと比較してマッピングしている。

●価値の概念の違いを理解する（Kelly Young・Emma Bettinson・Claire Haven-Tang・Ron Fisher・Mark Francis、Cardiff Metropolitan大学、英国）

　本研究では、サービス・ドミナント・ロジック（FP10）の基礎的な前提の1つ、すなわち、価値が常に受益者によって独自にかつ現象的に決定されるという命題を批判的に検討する。本稿では現象学はものごとの本質を理解するにあたって、受益者の特質や個性を十分するのに適切な手法ではない、と考えその代替的案として、3段階のプロセスが提案されている。そこでは、まず価値を家族的類似性という観点から概念化し、その上で現象論的方法を用いて、人々が生活世界の現象を理解する質的に異なる方法を理解する。この3段階モデルを用いて現在進行中の研究の概要が示されている。

5. V.Schoolの今後の可能性について

　GCCVの魅力の1つは、学術界だけにとどまらず、実務界との交流の中で、価値創造の「知」を構築することにある。一方、現在までの活動を俯瞰する限り、CVAが基盤とするGCCVや*Journal of Creating Value*で議論されている「価値」や「価値創造」に関しては、マーケティング分野での議論や言説が主導している傾向にある。今後はさまざまな専門分野との学術的な共創が期待されると考えられ、ここでは、「価値」「価値創造」を扱う学術ジャーナルについても述べておきたい。

　1つには、価値がどのように評価されているのかについてその制度的設定、歴史的プロセス、方法論的問題を本質的に考察する学術ジャーナル*Valuation Studies*がある。このジャーナルは、Michel Callon氏やSteve Woolgar氏、Barbara Czarniawska氏といったヨーロッパの第一線の社会学者が主導になって創設され、社会学、人類学、文化学、政治学、記号学、歴史学、法学、制度学、批評学、組織学という研究を用いた価値評価に関する現象研究を扱っている。また、北米の研究者によって創設された*Journal of Value Inquiry*は、文化、美学、宗教、社会的・法的理論やその実践、倫理、教育、技術、科学などの分野における価値の性質、起源、経験、およびその問題を探究している。さらに、企業活動の中でもバリューチェーンの生産プロセス、製品／技術開発のライフサイクルに焦点を当てている学術ジャーナルに*International Journal of Value Chain Management*がある。同じ企業活動の中の価値創造を議論するにあたって、バリューチェーン・マネジメントに焦点を当てることで、マーケティング主導の価値創造とは異なった議論の展開が期待される。また、Valueという言葉は入っておらずとも、欧米の国際学術ジャーナル*Critical Perspectives on Accounting*ではヨーロッパを中心に現在の資本主義社会を構成している「価値」についてクリティカルに考察し、その概念を刷新する意義深い研究が数多く存在する。

価値は複雑で曖昧な概念であり、さまざまな次元で議論されており、多様な方法論が必要となる。そのためには、異なったバックグラウンドの専門家やステークホルダーとの共創が不可欠となっており、益々学際的アプローチが重要性を増すと考えられる。その意味でも、第6回GCCVにて、玉置スクール長がシステム思考から価値創造をとらえ直した価値創発×価値設計＝価値創造の公式（**玉置・菊池 2022**）を紹介・議論されたのは（Tamaki 2023）、国際アリーナでの意義深い貢献であり、注目もされている。V. Schoolは価値創造教育に関して、世界的にもリードしており、今後の活動も期待されている。価値創造教育をはじめとして、学際的アプローチをより活性化することにより、ビジネスやマーケティングの領域以外の専門分野間との共創を促すことが、V. Schoolの特色を活かすことにつながるのではないかと思われる。

参考文献

Boukouyen, F. and Mahajan, G. (2021) Raising Awareness on Value Creation Through Movements: Zooming In on Creating Value Alliance, *Journal of Creating Value*, Vol.7, No.2, pp.272-281

Kohda, Y. (2021) Theoretical concept of value creation and learning & teaching practices at JAIST, presented at Asia, Australis and Oceania session, 4th Global Conference on Creating Value

Kokubu, K. (2021) Education for Value Creation at Kobe University Value School, presented at Asia, Australis and Oceania session, 4th Global Conference on Creating Value

Komori, N. (2022) Whose Value to Measure?: Examining the Geoeconomics of Value Creation, presented at 5th Global Conference on Creating Value

Shook, E. and Suntook, C. (2021) Creating Value While Leading with Values? Young Leaders Are Showing Us the Way, The Davos Agenda 2021, World Economic Forum, https://www.weforum.org/agenda/2021/01/creating-value-while-leading-with-values-next-gen-leaders-show-us-how/（2024年1月2日閲覧）

Tamaki, H. (2023) Value Creation: Systemics Viewpoint, presented at 6th Global Conference on Creating Value

5th Global Conference on Creating Value ウェブページ (2022) https://smartconf.jp/content/gccv5th/（2024年1月3日閲覧）

國部克彦ら（2021）『価値創造の考え方：期待を満足につなぐために』日本評論社

玉置久・菊池誠（2021）「価値創発の教育」國部克彦ら『価値創造の教育：神戸バリュースクールの挑戦』神戸大学出版会

第4章

価値創造
学生プロジェクト

「価値創造学生プロジェクト」とは

鶴田宏樹

　神戸大学V.Schoolとはどういうところかという問いに対して、我々V.School教員は以下のように答える。V.Schoolとは、「教わるのではなく考え抜く場」であり、「情報ではなく気づきを得る場」で、「プランではなくプロトタイプの場」であると。「価値」というものは言うまでもなく多様である。その多様な「価値」は教師が学生に向けて行う講義などで教えられるものではなく、その場にいる人たちが共に問いを立てて考え抜くことで感じ取るものである。考え抜くために必要な情報は、教科書や論文、最新のニュース、インターネットからいつでも手に入れることができる。V.Schoolは情報を提供する場所ではなく、物事を捉える視点を提案し、価値創造につながる気づきを得る場である。考え抜くことで着想したアイデアやコンセプトを具体的な形にすることには勇気が要る。アイデアを考えるだけでなく、実際にモノやコトを創って提供する価値を世に問うてみる。それがV.Schoolという価値創造の場である。その場では、価値創造の図式である「価値創造スクエア」にあるように、個人や組織、社会の「期待」と「満足」、そして「課題」と「結果」が価値創造に関わる人間に共有されているのである。

　　V.Schoolでは、教員の指示ではなく学生自らの興味・関心・期待に基づき、「問い」を立て提供価値を考え、実社会で仮説検証を行う「価値創造学生プロジェクト」を制度化している。大学内での規則などに則って活動するために、いわゆる「指導教員」がついているが、基本的に学生が主体となって企画・実施するプロジェクトである。V.Schoolで開講しているさまざまなPBL/FBLを受講することで学んだ考え方やスキルを駆使しながらプロジェクトを進めていくものである。我々V.School教員は、学生がプロジェクトを実施したことで得られる成果の良し悪しを評価す

るのではない。学生が自ら「何を」考え抜き、「どのような」気づきを得て、「どのように」提供価値を評価するのか、そのプロセスを体験して体得・体感したものを評価したいと考える。V. Schoolは、「思索と創造のワンダーランド」であると表現することもある。価値創造学生プロジェクトは、ワンダーランドの中心にある学びのアトラクションなのである。

農業チーム

岡島智宏

メンバー

半仁田亮 神戸大学経営学部

北野まどか 神戸大学経営学部

後藤健斗 神戸大学経営学部

岡島智宏 神戸大学文学部

指導教員

塩谷　愛 神戸大学V.School　客員教授

プロジェクト開始の経緯

　このプロジェクトを一言で表すと、「ネガティブイメージを持たれがちな日本農業に対して、その実態を知り、自分たちにできることを考え、実装する」ことを目指すプロジェクトであった。始まりは、「日本の社会課題である農業を何か変えたい」という漠然とした動機であった。日本の農業は、人手不足、衰退、休耕田や荒廃農地の増加、「儲からない」といったネガティブなイメージで語られることが少なくはない。しかし、農業は私たちの生活にとって欠かせない重要な産業である。メンバー全員が何らかの社会課題を解決したいという想いを持つ中で、日本の農業の現実を活性化させる一助となることを目指し、このプロジェクトは始まった。

　しかし、このプロジェクトを始める際は、私たちは農業の課題を具体的に理解できていなかったため、インターネットで調べることから始めた。

農作物の価格の問題、農業従事者の減少、荒廃農地の増加などさまざまな問題が挙がる中で、我々は廃棄野菜の問題に注目した。

廃棄野菜問題について以下の仮説を立て、プロジェクトが本格始動した。

廃棄野菜（捨てられる農作物）を価値あるものに変えることで、農家の利益につながり、フードロスの課題の解決につながるのではないか。

具体的には、廃棄野菜の現状を公に広め、購入を消費者に促すイベントを開催する、もしくは調理や加工によって廃棄野菜に付加価値を与えることで、廃棄野菜の社会における活用・消費を促進することを考えた。廃棄野菜が市場で売れるようになれば、従来は売れずに廃棄されていたものが売れるようになるため、農家の利益を増やせると考えたのである。加えて、フードロス問題の解決との両立が可能であることも、この仮説で進む決め手となった。この仮説を検証し、廃棄野菜の普及に貢献することを目指す手段として、以下のような試みが案に挙がった。

①企業の協力の下で商品開発
②飲食店の協力の下で廃棄野菜メニューの提供
③子どもたちに廃棄野菜の現状について教える
④廃棄野菜の加工・販売（①商品開発よりは簡素な加工）

仮説立案後、まずは廃棄野菜の活用の取組みについて過去の事例を調査したり、民間企業に協力をいただく術を模索したりしたが、上記に候補を挙げたような廃棄野菜活用の取組みを始める準備は難航し、メンバー間で限界を感じ始めていた。その要因として、プロジェクトメンバー自身が廃棄野菜の問題をはじめ、農業に対する原体験が乏しく、そのため課題意識が低いことがあった。これがプロジェクトを進めるモチベーションを高められない要因となっていた。また、インターネットや書物から調べるだけ

では、日本の農業の実態をクリアに理解できているという感触を得られず、農業に対する課題意識を高めることもできなかった。そこで、農業についてもっとクリアに知るためには現場を見る必要があると考え、農業に実際に従事する方々のもとを訪問することにした。

そもそも、本プロジェクトの原点は、衰退が叫ばれる日本の農業の何らかの課題を解決することで農業の活性化の一助になることを志したことであり、我々は廃棄野菜活用という手段によってそれを実現しようと考えた。しかし、原点に従うならば、農業活性化の一助になる手段は必ずしも廃棄野菜活用である必要はないともいえる。そこで、糸口が見えない廃棄野菜問題にこだわることを一旦やめ、農家訪問などを通じてもっと農業を俯瞰的に理解した上で、プロジェクトの方向性を軌道修正することにした。

農家訪問 in 鳥取

2022年10月23日（日）、農家訪問を実施した。訪問先はいずれも鳥取県の、いなば山彩の郷、ちづの農家旬菜屋、はっとうフルーツ観光園の3件である。それぞれの農家において、まず農作業を行っている畑でさまざまな作物や農法を案内していただき、その後生産物の試食をさせていただきつつ、仕事内容や日本の農業に対する各農家の方々の私見を伺った。

いなば山彩の郷では、アピオス芋、ハブ茶、バタフライピーなど、珍しい作物の生産にも精力的に取り組まれている。しかし、珍しさゆえに順調に売れないことが多く、生産物の「出口」（販売先）をどう確保するかという課題が挙がった。この訪問で最も印象に残っている場面は、ここを運営する福本政男氏自ら生産した野菜を使って作られた昼食をいただいた場面である。自給した野菜中心の食事でありながら絶品だったため、農が食を充実させることを再確認し、「自給自足」でも十分に豊かな食生活が可能であることを学んだ。福本氏とお話をする中で、日本の「食と農」は食料自給率が低く、自給自足とはかけ離れたところにあるが、これが持続可

能な食の形と言えるのかという課題が挙がった。

　次に訪ねたちづの農家旬菜屋では、ぶどう畑を見学させていただいた。多品種の葡萄を栽培しているほか、葡萄の一部は干し葡萄に加工して販売している。ちづの農家旬菜屋では、自分が決めた値段で売る方針から、農協経由の販売ではなく、自ら直売をされているが、農協を経由した方が売り場が担保されるため、売れる数量も確実になるという。ここでも、生産物の「出口」をどう確保するかが課題として挙がった。また、ここを運営する古谷浩平氏は物価や燃料代の高騰により生産にかかるコストが上がっている一方で、出荷価格は低下している現状を語り、農業生産者のリスクが高くなる流通の構造を問題視されていた。

　最後に訪ねたはっとうフルーツ観光園は、梨やリンゴの果物狩りができる「観光農園」である。観光農園であるため、お客さんが狩るために果樹を長く残しておく必要があり、長く残した結果、果樹が廃棄せざるをえない状態になることが多いという。実際に、かなり多くの果樹が廃棄されている現場を目の当たりにした。また、廃棄野菜を出荷したり、加工をしたりするのは、廃棄分の量や加工業者とのつながりなどの面で、単一の農家だけでは難しいことを伺った。

　以上の3件の農家訪問を通じて得た知見を以下にまとめる。

○生産品の「出口」が少ない
　特に珍しい作物は、知名度の低さゆえに売れにくい。知名度が低いものは物珍しさから売れるのではないかと我々はイメージしていたが、それは違った。また、地方部に立地するため販路の拡大が難しいことも要因として考えられる。

○農家に対する負担が重すぎる
・災害増加や燃料費・物価高騰によるコスト増

昨今、物価や燃料費の高騰に伴い、農業生産にかかるコストが増える一方で、農作物の売値は変わらない、もしくは低下する傾向にある。しかし、日本では安いモノが好まれ、値上げはやむを得ない事情があっても嫌われるリスクが高いため、コストの増加を価格に転嫁することも容易ではない。このような流通、消費の構造が生産者を苦しめている。

・順調に作物が売れても、諸経費を抜くと農家の利益は少ない。生産者が十分な利益を得られるシステムが必要であり、そもそも人間の生活において不可欠な食料を、必ずしも生命活動に必要はない他のモノ・サービスと同じ経済システムで回すことの是非を問うた。ただし、これは消費者の価値観や経済・流通システムの再検討、創造といった、農業の枠を超えた取り組みが必要であり、農業課題の厳しさを痛感させられた。

○大学生にできること

大学生にできることとしては、作り手以外の役割で農業に貢献する選択肢も豊富だ。例えば、マーケティング、IT、流通システムの変革などが農業生産の効率化や高収益化に資すると考えられ、このような人材が必要であるという点で、農業には農学以外を専門分野に持つ人材も重要であることがわかった。

福本氏は、大学生に取り組んでもらえることとして、SNSやイベントのチラシといった広報デザインを挙げていた。

078KOBEにおける出展

農家訪問を目前に控えた10月半ば頃、「価値創造のための実践型FBL」内で、バリュースクール教員の藤井信忠先生より価値創造学生プロジェクトの「078KOBE」出展が打診され、本プロジェクトも何らかの形で出展を考えていた。農家訪問の際に、3件の農家から共通して出た問題が、「生産品の出口」の問題であった。私たちは、この問題の諸原因の1

つに、マーケットを十分に調査して特定の客層に訴えかけることができていないことがあると考えた。そこで、都市部の多くの世代の男女が集まる078KOBEが、我々が訪問させていただいた農家で作られる珍しい商品に対する市場（お客さん）の意見を収集する場に適していると考え、078KOBEでの出展内容を決めた。具体的には、珍しい農商品や有機野菜を使った商品、廃棄野菜を活用した商品など、農作物から作られた何らかの付加価値を持つ商品を078KOBE来場者に試食・試飲していただき、我々が作成したアンケートに回答協力を頂くことで、試食・試飲した感想を集計するという取り組みである。ここでの仮説は、

　　農産物の出口（販路）不足を、イベント出展での市場調査を大学生に委託することにより、農家さんの負担がない形で解決できるのではないか。

というものであり、市場のニーズを調べる余裕が農家側にない場合に、その役割を大学生が担うことで新たな商品や販路拡大につながる可能性があるのではないかというものである。

　2022年11月下旬に2日間開催された078KOBEにおいて、私たちはご協力をいただけることとなった農家の商品の試食・試飲を行うブースを出展した。試食・試飲提供を行った商品は表1の通りである。当日は、幅広

農家／生産者	商品
いなば山彩の郷さま	ハブ茶／バタフライピー茶／アピオス芋茶
ちづの農家旬菜屋さま	干し葡萄
パソナ農援隊さま	玉ねぎディップ／いちじくジャム／ドライいちじく
COTOCOTOさま	野菜ピクルス

※COTOCOTO様からの野菜ピクルス提供の際には、価値創造学生プロジェクト「有機野菜チーム」の協力を受けている

表1

い年代、性別の多数の来場者に商品を味わっていただきつつ、アンケートの回答協力をいただいた。知名度が高くはないが美味しい商品が多かったため、試食・試飲は好評で、私たちの商品説明に多くの人が聞き入ってくれた。特に印象的であったのは家族連れの来場者が多いことで、バタフライピー茶に関しては、酸を加えて（レモンを使用）色が変わる仕組みを見せると、特に子どもに好評であった。商品説明やブース出展の趣旨なども説明することで多くの来場者に出展の目的（「市場の声を収集し、農家さんに届けたい」）を理解していただけたので、商品に関するコミュニケーションが弾み、アンケート回答だけでなく口頭でも市場の意見を多く収集できた。

　078KOBE出展終了後は、アンケート回答の集計結果を整理し、お客さんの意見の分析に用いやすくなるよう、各商品ごとに、各質問の回答結果を表・グラフ化したほか、一部の質問の回答結果に関しては年代別および男女別の回答状況も取りまとめた。この作業によって、各商品がどのような性別、年代の人に人気が高い／低いのかといった分析が可能となった。そして、アンケートの回答データをもとに作成した分析結果（アンケート結果の表、グラフ及び我々の分析）を製造者（ご協力いただいた農家・企業）の方々に提供した。先方からは好評を得たと捉えており、よって先述の「078KOBE」出展における仮説「農産物の出口（販路）不足を、イベント出展での市場調査を大学生に委託することにより、農家さんの負担がない形で解決できるのではないか」は立証されたと考える。

　大学生が農業に貢献する場合、一消費者として積極的に農作物を消費する、農業ボランティアとして農作業を手伝う、農業マーケティングや農法などの提言を行うといったことが従来から考えられるが、078KOBE出展を通じて、大学生が農家（製造者）に代わってイベント出展を行うという新たな貢献の仕方を見いだせた。今回ご協力いただいた方々は、「078KOBE」についてあまり知らない様子の方々がほとんどであり、農家はよく知らないが大学生なら知っている、つながっているというイベン

トは若者やファミリー客の多さが強みである傾向もある。そこで、大学生が農家の人々とイベント（078KOBE）の橋渡し役となることで、結果として都市部の人々（特に若者やファミリー）と地方の農家の人々を間接的に繋げることができた。この価値創造学生プロジェクトの難航の1つの要因が、「学生が貢献できるほど農業は簡単な問題ではない」という考え方であったが、市場と生産者の橋渡し役として市場の声を収集するという、貢献の術を見出せたことは大きな成果であると考える。

本プロジェクトを振り返って

　本プロジェクトの序盤が難航した要因は、農業に強い課題意識を持つ原体験が乏しく、農業に対する理解や課題意識が不足していたことだ。「やりたい」気持ちや課題意識が乏しいうちは、何をプロジェクトの目標にすべきか、まずはどのようなアクションから始めるべきかがわからない。それがモチベーションの低迷につながり、コミュニケーションの遅延や齟齬がしばしば生じた。そんな中で行った農家訪問が我々の農業に対する理解や関心を高めるいわば「原体験」となり、さらにそこでの理解や課題意識のアウトプットの場を078KOBEに見出せたことで、結果としてプロジェクトの方向性が定まり、078KOBEでの仮説検証の成功という成果を出すことができた。「原体験」から深い理解や強い課題意識が生まれ、それがアクションを起こす力となり、実際に課題解決を実現する過程を経験したことで、自分の「原体験」や「やりたいこと」を細かく突き詰めていき、その思いを大切にしてアクションを起こすことの大切さを学んだ。

　本プロジェクトは、最初に出会った方々から次々とご縁がつながり、結果的に多くの方々に出会い、ご協力を頂くことで推進できました。「ご縁」が広がる過程を見て、人と人とのご縁が貴重であることを学びました。最後に、本プロジェクトに多大なるご協力をくださいましたいなば山彩の郷様、ちづの農家旬菜屋様、はっとうフルーツ観光園様、パソナ農援隊様、

COTOCOTO様、078KOBE実行委員会の皆様、指導教員を務めていただいた塩谷愛先生をはじめ、貴重なご助言、ご支援を下さったV. School関係教員の皆様、学際教務グループの皆様に、心よりお礼申し上げます。誠にありがとうございました。

未来価値創造THINKTANK

北川知樹・野村拓馬・松尾萌花

メンバー

北川知樹 神戸大学大学院経済学研究科

松尾萌花 神戸大学大学院海事科学研究科

野村拓馬 神戸大学経営学部

今藤嵩大 神戸大学大学院農学研究科

他社会人2名

指導教員

藤井信忠 神戸大学V. School 価値設計部門 副部門長・DX・情報統括本部 教授

1. はじめに

未来価値創造THINKTANKとは

「未来価値創造THINKTANK」とは神戸大学V. Schoolの価値創造学生プロジェクトとして立ち上げた学生中心のプロジェクトである。メンバーは現役の大学生と大学院生、社会人大学院生などが中心となり、神戸大学の先生方や学外の社会人などとも協力しながら、約10人程度の少人数での活動です。THINKTANKは、今後、発展するであろうビジネス分野を中心にマーケティングを行うことを目的として設立した。価値創造を目指す活動の拠点は、神戸大学のキャンパス内にある眺望館と言う建物の1階で、その名の通り素晴らしい眺望のもとで新しい価値創造に取り組んだ。

「未来価値創造THINKTANK」を立ち上げた目的は、そもそもこの

THINKTANKの発起人である北川が、「新しい産業、市場を見つけ出して調査、分析するシンクタンク的な機能を持った組織を立ち上げたい」と考えていたことが背景にあった。そのような思いを持って日々を過ごしている時に、神戸大学内にV.Schoolと言う面白い組織が立ち上がったとお聞きして、これは関わらせて頂くしかないと直感的に感じたことが、「未来価値創造THINKTANK」の始まりであった。

多様なメンバーたち

　まず、現役学生としては、経営学部、海事科学部、農学研究科、経済学研究科など、「文理融合」のメンバー構成です。学外の社会人としては、公認会計士や大企業にて新規事業を20年以上担当していたプロフェショナルやIT関連のスペシャリストなど、こちらも「文理融合」の協力体制となった。また、指導教官の先生は、工学系のシステム系の理系の先生でありながら「未来洞察フレームワーク」という文系的な価値創出の仕組みを教えられる「個人で文理融合」されている先生である。このような多様なメンバーの助けがあって、さまざまな活動が成立したと考えており、改めて今、考えても、とても贅沢で、恵まれた環境に身を置かせて頂いていたと感じている。

2年半の活動を通じて

　2年半の活動の結果、今、考えていることは、この恵まれた経験をいかに社会に還元することができるのか、ということである。普通に社会人をしているだけでは経験できなかった海外の大学との連携やつながりをうまく価値創造につなげたいと考えている。

2. Oxford University Innovation とのシンポジウム
（未来価値創造 THINKTANK 主催）

1回目（2021年9月）

　THINKTANK 設立 の 約 1 年 後 に、Oxford 大学 100 ％ 出資 子 会社 Oxford University Innovation と共同シンポジウムを開催した。内容は、「日本の大学などの技術移転の状況」と「OUIの技術移転の状況」について報告を行い、その後、パネルディスカッションを行うという内容だった。特に意識した点は、大学内にある技術を理解して、企業内でその技術を活用し、企業価値向上に繋げれる人材の市場価値が高いという観点から、オーディエンスにはそのことについても説明した。また、大学の技術の活用として、TLO（Technology Licensing Organization）という技術移転機関の仕組みについて説明を行い、産学連携のためのTLOの社会的な役割などについて、図解しながら制度の説明を行った。国内には、30を超える承認TLOが存在し、東京大学TLOや神戸大学TLOなど、全国各地に点在している状況である。また、PCT国際出願制度についても、簡単に説明をした。直接出願とPCT国際出願の違いや役割について説明するとともに、特に、国際的にビジネス展開することを前提としたスタートアップVenture企業などは、特許出願戦略の重要性などについて認識しておくことの大切さを説明した。

　その後、Oxford University Innovation による報告があり、Oxford 大学 の 強み で ある Medical Sciences や Mathematical Physical & Sciences、Humanities、Social Sciences など各々の特徴的な分野について説明があった。また、OUIの仕組みとして、Oxford大学との出資関係や、OUIの組織構造などの説明があった。仕組みとしては、「Licensing & Ventures」と言うIP管理やスピンアウトなどの実施、スタートアップインキュベーションなどを行う組織や、「Consulting Services」と言うコンサルティングサービスを提供する組織、さらには「Funding, Investment &

Management」と言う資金調達などをサポートする組織などに役割分担がされている。また、Oxford周辺が、Oxford大学をはじめとして、企業、投資家、スキル、研究所などの集積したエコシステムが構築されている状況についても説明があった。

パネルディスカッションでは、OUIの価値創出の仕組みについて議論を行い、コミュニケーションとリレーションシップ、エコシステムのような関係性が重要であることを強調していた。特に政府からの支援などは非常に重要であり、Oxford大学単体ではなかなかうまくいかなかった部分もあったという話があった。それらOUIの成功事例から学ぶ点として、日本も、産官学連携の社会全体で新しい価値創造を生み出していく仕組み、文化のエコシステムの構築が必要であると感じている。

2回目（2021年12月）

2回目となった2021年12月には、OUIのアントレプレナーシップと New Venture Company との内容で開催した。1つ目のアントレプレナーシップについては、Oxford大学内での「Student Entrepreneurs Program」についての説明であった。Oxford大学の学生と研究者が一緒にプログラムに参加して、OUIから投資家へのアクセスのサポートなどをビジネスメンターなどからフォローされる内容になっている。2つ目のNew Venture Company については、1959年の最初のVenture創出から始まり、約50年間は、順調に増加をたどり、2010年を超えた頃を臨界点として、爆発的に大学発Venture企業が生み出されるようになっている。その中の1つのOxford大学の准教授Jeroenさんのセンサー技術を用いた生体情報をモニタリングする仕組みによる事業についての説明があった。技術的な優位性と共に、設立当初から世界市場での展開を視野に入れており、日本での展開なども着実に進めていた。

左からChandraさん（OUI上級Manager）、Claraさん（OUI）、Jeroenさん（Oxford Prof.）

3回目（2023年3月）

　その後、2023年3月にはOUIと東京工業大学D-Lab、京都大学学際融合教育研究推進センター（以下、京大学際融合）との共同イベントを開催した。内容は、東京工業大学のD-labの未来年表とその活用について、京大学際融合の100人論文や30人インタビューなどについての話があった。また、Oxford University Innovationからは、Oxford大学発のスピンアウト企業について紹介があった。

　免疫ワクチンを開発するバイオテクノロジーを強みとする企業や、ポータブルDNAシーケンスのパイオニア企業、自立走行車に関するロボティクス企業などさまざまな分野での最先端Venture企業の説明があった。その後の、パネルディスカッションにおいても、日本と英国の大学技術活用の違いなどが論点となり、非常に活発な意見交換が行われた。

まとめ

　これらの活動から、世界の国内外における大学技術の活用、技術移転のさまざまな仕組みや実例を知り、意見交換をすることができた。感じたことは、このような価値創出には、①ある程度は時間がかかるという事、②多くの失敗があるという事（次につなげることが重要）、③エコシステムのような協力体制が重要、という点である。日本でも大学の技術を使った

価値創出の活動は多くの大学で始まっているので、これらの先例などからも学びつつ進めて行くことは効果が高いと感じている。

3. 新しい価値創出の仕組み
（T-CEP 名大Tongali Project 東工大D Lab 東京大学TLOなど）

THINKTANKが関わったさまざまな価値創出についても簡単に紹介する。

東工大D Lab

東京工業大学内のD-Labという組織において、未来年表と呼ばれる2200年までの年表が作成されている。その年表からバックキャスティングする思考により、新しい価値創出を促進されている。企業との連携なども行い、長期的な視点でビジネス創出をしている面白い取り組みである。

Babson大学

神戸大学で、毎年Babson大学の山川先生によるアントレプレナーシップに関する短期プログラムが実施されている。Babson大学に集まる世界中の学生の価値創出に関する話を聞くことができる神戸大学の学生は、恵まれた環境にあると感じている。

名大Tongali Project

東海圏でも名古屋大学が中心となって進めるTongali Projectがある。その活動の一環として2022年3月沖縄での研修講師としてOxford方式の大学技術移転についての話をする機会があった。また、2022年9月には「フランス武者修行」という企画があり、学生たちがフランスの学生たちと一緒に新しいビジネスアイデアを創出するというプログラムがあり、一緒に刺激的な時間を過ごした。

東京大学TLO

　KUI（Kobe University Innovation）前社長の坂井先生ともつながりがある東京大学TLO前社長が日本の技術移転をリードする東京大学TLOがある。TLOは、現在は、日本各地にあるが、1998年に東京大学TLOなどができてから、そのTLO設立の流れは始まった。大学内の技術移転を進めるにあたりTLOの役割は重要である。

京都大学全分野連携

　京都大学の学際融合教育研究推進センター宮野先生による月次で行われる「定例全分野交流会」は、さまざまな分野の先生方や研究者が集まり、その時々の技術的な議論やさまざまな分野について、時にはアカデミックなレベルで、時には居酒屋の談笑レベルで議論をしている。文理融合の新しい価値というのは、このような自由な空気間の中から創出されるのだと感じている。

T-CEP

　一般社団法人うめきた未来イノベーション機構が主催する価値創出プログラムとしてT-CEP（Technology Commercialization & Entrepreneurship Program）がある。

　梅田にて、毎年、関西圏のビジネスマンを中心に社会人が集まり、アドバイザーなどのサポーターと合わせて50人規模での価値創出の人材育成プログラムで、Seed（大学技術）から価値創出を行っている。北川がサブアドバイザーとして参加し5年目になる。毎年、元気の良い若く優秀なビジネスパーソンが価値創出をする姿を見て、日本の未来も明るいのではないかと感じている。

4. 現役学生メンバーのコメント

オックスフォード大学とのイベントについて

　V.Schoolに在籍しTHINKTANKにいられたことでオックスフォード大学の方々の取り組みを知り、また、その紹介に携わることができ嬉しく思った。普通に生活していた中では、また自分では辿り着けないことだったため、感謝している。他のTHINKTANKメンバーとの関わりが持てたことも非常に嬉しく思う。私が描いた絵を使って、記念のポスターを作ったこと、何か形に残すことに貢献できたこと、自分が携わったと言える何かができたことを非常に嬉しく思っている。

　イベント企画や実施の中で、広報で効果を出すことの大変さや、魅力的なコンテンツをつくる難しさ、目の前にいない人達を想像し考えることの難しさを感じた。やってみることで初めて、自らの力不足や考え不足の部分を知ったり、メンバーの頼れる部分について知れたりと、よい経験になった。

　オックスフォード大学の取り組みは、大規模で素晴らしいものだが、なかなか知れ渡っていないことにも難しさを感じた。大学の知から何かを作り出すことが進んでいる国でのスタンダードを取り入れようという動きがあることを、大学で研究する大学生・院生に興味をもってもらう、知ってもらう、ということが、今の仕組みではいかに大変で難しいのかなど、このテーマの周りにいる大人達の苦悩の一端を知れたと思う。

5. 今後に向けて

　2023年7月にV.Schoolサロンにて、神戸大学の坂井先生と東京工業大学URAゲストと北川の3人で座談会を実施した。大学とビジネスの融合が論点だった。その中でも、大学の技術を活用した価値創出は、米国や欧州をはじめ、世界各地で成功例があるが、日本ではまだまだ道半ばである

と感じている。その理由としては、そもそも大学内の技術が社会実装につながりうるという認識自体が広がっていない点や、ビジネス側とアカデミック側の相互理解の不足があると感じている。今後は、アカデミックの立場で学び、経験したことを、ビジネス側から活用するスキームに落とし込んで行きたいと考えている。日本に残された有望なアカデミック資源と、優秀なビジネスリソースを、文理融合の視点でうまく新結合させることが、これから取り組むべき仕事であると考えている。

地域と工場見学班

澤岡善光・山本悠斗・今岡海斗

メンバー

澤岡善光 神戸大学海事科学部

山本悠斗 神戸大学経済学部

多田悠人 神戸大学理学部

今岡海斗 神戸大学国際人間科学部

岡崎和佐 神戸大学経営学部

指導教員

安川幸男 神戸大学V.School　客員教授

　プロジェクト概要としては、机上では学べない現場を学び、その場を肌で感じるためにさまざまな地域や工場に直接訪問と見学をし、それを通して、今現在の価値を生み出す現場を学ぶことを第一とした。また、今後その価値がどのように変革していくかを考え、学生が新しい価値を生み出すきっかけを作ることを第二の方向性とした。本プロジェクトは、2021年度にV.Schoolで行われたFBLの授業の中で生まれたプロジェクトをベースとし、2022年度も引き続きプロジェクト化した。2021年度のプロジェクトでは、3社の中小企業を訪問し、その企業の持つ困りごとを一緒に考え手伝うことを主軸としており、今年度は訪問を中心に活動し、7ヵ所に訪問することができた。訪問から得た知見を活かし078KOBEのイベントにてVRを活用した職人体験を提供し、イベントという枠の中ではあるが、学生主体で1から考えた活動を行うことができた。

プロジェクト参加学生の期待

　2021年度のプロジェクトと異なる点として、今年度は新入生が参画していることが挙げられる。2021年度の期待は、大学の授業で製造業の事例や中小企業の重要性を学ぶ機会はあるが、その事例や重要性に対してイメージがしづらく、現場に訪問してより深い理解と学びを得たいというものであった。対して今年度は、「工場見学を通して将来の選択肢を見つけたい。『自分探し』に貢献する活動なのではないか。」という新入生の期待が加わった。大学受験を終えて改めて自分の進路について考える新入生も多く、大学生活後の進路を意識し、学生生活をより良いものにしたいと考える学生たちの興味を引くプロジェクトとなった。

　また、2021年度から引き続き参画した学生としては、「自分の中に専門を1つでも作れるのでは」と考えていた。昨年の活動では、訪問先が新規事業の立ち上げを検討していた時期でもあり、大学生が中小企業の新事業の立ち上げを手伝った。このような見学に留まらない活動事例を多く作りたいと考え、そのための仕組みづくりを確立することにも期待していた。

　約1年間、各学生は期待を胸にさまざまな訪問と試行錯誤をしてきたが、自分が思い描く期待を満たせる学生もいれば、十分満たせなかった学生がいたのも事実である。期待を満たせなかった原因として、訪問ごとにゴールを設定し、ゴールに対する具体的なアクションフローを作り、きちんと実行するというサイクルが十分回せなかったことが挙げられる。また、見学に留まらない活動とは何か度々議論していたが、決まることはなかった。出てきたアイデアを先述のサイクルに落とし込むこと、つまり仮説を検証することの必要性を痛感する1年となった。

工場見学が与える学生への影響

　今年度は、以下の5社に見学を受け入れていただいた。アイスコーン

やモナカの皮を製造する中小食品業者、物流で使われるパワーモーラを製造する中小製造業者、藤から布をつくる丹後ちりめん（織物）製造業者、空気から水を生成する機器を開発・製造するスタートアップ企業、伝統産業のリ・ブランディングや後継者育成を行っている事業者である。そのほかに、関係者の方にお招き頂き、岡山県津山市で開講された産業塾や京都府京丹後市で開催された丹後織物求評会などにも訪問することができた。

　工場見学を通して、学生たちに視野の広がりや仕事観の変化が確認できた。最初に見学したのはアイスモナカやコーンを製造している工場だった。見学後の学生の声として、「より深い話を、実際に働いている人に聞け、どのような視点を大切にしているのかわかった」、「現地に赴き自分の目で見ないとわからない事（ネットで調べて出きづらい事）がたくさんあった」と現場に訪問することで得られる情報の深さに気づいた声が多かった。また訪問することで、自分たちがあまり接することがない、「高校就活」の現状とその問題を知ることで、視野の広がりを体験することができた。そのほかに、「モナカを作る仕事、原料を運ぶ仕事、機械を作る仕事など細かく分業されていることを学び、商品が自分の手に届くまでにどのような工程を経ているのか、産業全体ひいては経済活動全体の仕組みを意識するようになった」と普段の生活をする中で生産者たちへ着目するようになったという変化に関する声もあった。以降の工場見学でも同様の意見を得られている。訪問先の分野がどれも異なっているために、訪問の度新たな発見が得られたのだと考えられる。

　その次に訪問したパワーモーラの製造工場では、地方創生をテーマに議論を行い、自分たちの気づきや学びをレポートにして先方に共有した。その後、プロジェクトメンバーで集まり再度振り返りをした時に、アイデア提案に留まらず、プロトタイプの作成や実装まで行う必要があるのではないかという声が上がった。

078KOBE出店とそれに向けてのプロトタイプ作成

　工場見学を通して、現場に行くことの重要性を感じている一方、その現場に行くことを、現場に行かずに体験できる方法はないか、という考えのもとVR（Virtual Reality）を活用した職人体験は生まれた。着想としては、職人が行っている作業をその人の目線で体験できたら、ものができる過程を疑似的に体験でき、現場を感じる機会になるのではという考えである。

　実際に、1回生のメンバーが360°カメラを使い、けん玉のVR動画を制作し、疑似的な体験ができるのかをプロトタイプ作成し検証することができた。多くのメンバーがリアルに感じ、「実際にけん玉ができるようになるのではないか」という声が上がった。また、その11月25日〜26日に078KOBEというイベントにV.Schoolとしてブース出店しないかというお話をいただき、その展示で来ていただいた方々に体験してもらうことを目標とした。

　VRで職人体験をするために、まずは伝統産業のリ・ブランディングや後継者育成を行っている事業者に訪問し、実際に刃物を作っている様子を職人さんの目線でVR動画にしてみたいと相談した。相談の結果快く承諾していただき、VR動画のための撮影と製作を行った。また、VRの展示以外にも、工場見学先であった京丹後市の織物(丹後ちりめん)とシーラカンス食堂さんの刃物について学生でPR活動を担おうと考え展示物の準備を始めた。伝統工芸に興味を持って楽しんでもらえるよう、展示の内容や見せ方について「公式のポスターがわかりや

図1　078KOBEの展示の様子

すい」「現物があると触りながら話を聞いてもらえる」「職人体験風VR動画があると興味を持ってもらえる」など話し合い、各事業者や市の方々に交渉し、物品を借用するなど協力を得て実現することができた。図1はその時の写真である。

　また、今回の展示に伴い、このプロジェクトの振り返りを行い、今後どういったことができることが理想であるかを考え、図2のような紹介パネルを作成した。実際に目を止めて共感してくれる方々も多く、さまざまな意見交換を行う機会も得られた。

　その他にブースにきてもらった来場者にアンケートを答えてもらうように促し、23件の回答を得られた。今回の展示で「親近感が湧いた」と答えた人が70％、「親近感が湧いた人」で「VR動画を魅力的に感じた」と答えた人は41.2%、「実物サンプルを魅力的に感じた」と答えたのは52.9%であった。VR動画には、「見る」だけではなく「体験する」ことができるという点、そして魅力的な展示ができると考えるが、それと同じぐらい、実物サンプルで魅力を感じる人がいた。実物サンプルとして、播州刃物の1つであるハサミがどのような製造過程を経て物質が変化するのかを展示していた。自分たちの手元にどのような過程を経てきているのかを

図2　078KOBEの使った自分たちの紹介パネル

体験し知るということを大切にする人が多いと知れるアンケート結果を得られた。

　078KOBEの出店を経て、VR動画の有効性を知り、京丹後の藤布を作る職人に訪れ、VR動画の撮影し展示を行った。078KOBEのように多くの人に体験しヒアリングをする機会を設けることができなかったが、撮影に協力して頂いた事業者さまに動画をお渡しし展示会で使っていただけるようにした。

まとめ

　今回、机上では学べない現場の肌感を学ぶためにさまざまな地域にある中小企業を訪問した。訪問及び工場見学で、多くのメンバーが現場でしか学べないことがあることを実感し、また、自分の持つスキルと掛け合わせ新しいことを生み出す機会になったメンバーもいた。ただ、生み出せたメンバーがいる一方で生み出せなかったメンバーもいた。この違いが生まれた原因として、アイデアを思いついてからのプロトタイピングとテスト、そして次のプロトタイピングといった、アイデアの実行と検証、それらを繰り返すことができていたかが境目だと考えている。アイデアの仮説検証が強引にでもおこなうことが、規模が大きい小さい関係なくアイデア実現には必要なプロセスであることが今回振り返り気づくことができた。VR動画の作成は、1回生の学生が360°カメラと撮影した動画を編集するスキルがあり、アイデアの実行と検証ができた。ただ一方、工場班の活動の確立のためのプロトタイピングが十分にできず、アイデア止まりになってしまったのではないかと考えることができる。

　具体的なものがあれば、うまくいく一方で、見学の企画の仕方や頻度など抽象度が高いものや仕組み化すべきことはできず、見学に留まらない活動については着想を得る経験を幾度かしたが、班内での議論がすれ違いアイデアが先行して実行できなかった。ここから振り返ると、工場見学や地

域の訪問は学生に新しい視点や視野の広がりを与えるが、その後のアイデアを形づくるのに、多少強引さがあっても、ひとまずアイデアを選び実行し、そしてそれを繰り返すという姿勢が重要で、仮説検証をしっかり行っていく姿勢が大切だと、今回気づくことができた。

各人の感想

山本悠斗

　チーム作りに関する学びを得た年度となった。今年度の活動は2人のメンバーで始めたため、チームをまとめる立場になった自分の発言・行動に重要性や責任を感じていた。その意識から、今後の活動内容の提案や意見の共有を行ったり、スケジュールやタスクを整理し共有したりと、主体的に行動するようになった。

　またチームについて、一般的な仕事や団体と違い、活動の方向性や目標がぼんやりとしており、それが活動のスピードや成果物の数にも影響していると感じた。これは、案が出てきたとき・案を仮決めしたときに①ゴールを設定し②具体的なアクションのフローをその場で作り③実行する、の3点が行えていないためと考えられ、課題である。今後、少なくともひと月の間は、ミーティングの終わるタイミングなどで行えていたか評価し、本推測が違えば修正する。

今岡海斗

　自分は大学入学してからいろいろな世界を自分の目で見たいと思っていた。そのためにさまざまな団体を見て回っていたところ、このV.Schoolを見つけた。V.Schoolでは「価値」について多面的に考える場所で、自分にとってはとても興味深く面白いと思える場所であった。

　その中で、6月ごろに勝野製菓さんの訪問に誘われ、この地域工場班に入った。活動を通していく中で、実際に現場に行って見るということの大

切さを感じるとともに、現場のリアル感をどうにかして現場に行かずに伝えられる方法はないかと思うようになった。

　9月下旬に実家に帰った時に父から偶然360度カメラをもらった。そのとき、VRという方法を使って、何か作業をその人の目線で体験できたら面白いかもしれないと思ったのがVR活動の発端であった。

　VR動画には「見る」だけではなく「体験する」ことができるという臨場感があるという点、078KOBEなどの展示会の際にもお客さんが目を引くような展示になるという点の2つの観点から、かなりポテンシャルがあると感じている。

　しかし、実際に活動を行ってみて問題点もたくさんあった。一番の問題点は「機材のスペック」である。自分が使っていた360度カメラは数年前のもので、画質もかなり悪かった。また、VRゴーグルも展示の時は安いものでやってみたが、そのゴーグルでは付け心地に問題があり、さらにヘッドトラッキングを搭載しているゴーグルの方がさらに質の高い臨場感というものが味わえると思う。実際に画質の良いカメラとハイスペックなゴーグルを使ってVR動画を作ってはいないので具体的にどのように違うのかという比較はできないのだが、現状の機材では不十分だと感じた。もう1つの問題は、「きちんとした目線カメラではない」ことである。制作したVR動画もどこかの方向には職人さんの顔がドアップで写っており、完ぺきではなかった（イベントでの子供たちのウケは良かったのだが）。より目線カメラにするためにはどうすればいいかというのは、今も考え中である。

岡崎和佐

　大学入学当初から私は、今後の進路について全く考えていない自分に対してかなり危機感を抱いており、早いうちに将来の選択肢を見つけようと企図した。日本各地を訪問するという活動内容は、いわゆる「自分探し」に貢献するのではないかと思い、私はこのグループに参加した。そして1

年弱のあいだ活動に参加し、結果的に離脱したのは、興味関心の方向のズレが許容範囲を超えてしまったからである。しかし、かえって自分の興味関心が絞られたし、このグループの運営、考えの発展のさせかたは、今後の自分に生かせそうなものばかりだったので、結局のところ、有意義な時間を過ごせたと思った。

多田悠人

　この活動を通じて全体的に、自分の疑問や興味と重なる部分についてフィールドワークやディスカッションを何度も経験できたことが、自分の糧になったように感じる。自分の「知識」を蓄えられた、とても価値のある一年間の活動となった。この「知識」というのは、実際に現場に行かないと分からないものであるという意味を込めている。頭でっかちになっていた自分にとって、経験からしか得ることのできない学びを知ったことは大きな刺激だった。例えば、損得より感情で人は動くし、そのほうがエネルギーを持てる、それは机上ではわからないことであった。また、自分の利益を二の次にして社会貢献の文脈に全力を注げる人々が成功しているのを目の当たりにし、衝撃を受けた。このように、表面的な損得以上の要素など、机上だけでは想像つかない他の側面が現場には強く影響を与えることを痛感した。

　ただ、今回の反省点は、上に述べたような自分の価値観の大転換を形に残すような活動が疎かになっていたことである。何か形に残るものを、というマインドは班全体で共有できていたものの、それを実現できなかった。形にしないまま議論ばかり先行していたと感じたので、まずはどのようになってもいいので活動をプランニングし、それをベースにPDCAサイクルを回すことを考えながら議論できれば、もっと建設的に実行に移せたのではないかと反省している。

参考

6月　津山産業塾、イノベアクセル、勝野製菓訪問

7月　活動方針について考える⇒現場ワークショップなどの案

8月　伊東電機訪問⇒議論会

9月　京丹後で織物体験

10月　播州刃物訪問

11月　織物、刃物に関して078kobeで出展

12月　神戸新聞の配信手伝い

1月　京丹後訪問、AiHeartJapan訪問

訪問先：7件

訪問回数：10回

成果物：3つ（織物・刃物VR動画、イベント出展）

その他、随時ミーティングや勉強会をリアルorオンラインで行った。

データ集

1．教員体制と学生

V.Schoolはスクール長のもとに価値創発部門と価値設計部門をもち、専任教員4名のほか、18研究科・センターなどから協力教員28名、客員教員10名、学術研究員2名でV.Schoolの教育研究活動を行っている（表6-1-1）。

2022年度にV.Schoolへ入校した学生は、学部生58名（文学部1名、国際人間科学部12名、法学部2名、経済学部4名、経営学部22名、理学部1名、医学部1名、工学部9名、農学部4名、海事科学部1名、海洋政策科学部1名）および大学院生18名（国際文化学研究科3名、経営学研究科13名、理学研究科1名、科学技術イノベーション研究科1名）、合計76名であった（表6-1-2）。所定の科目を修得したスクール生には、V. Diplomaの称号を大学卒業もしくは大学院修了時に付与するとともに、特に優れた成果を上げたスクール生に対しては、V. Diploma Honours（神戸大学バリュークリエーター）の称号を付与する。

2．教育活動

V.Schoolの授業は、講義、PBL（Project-Based Learning）、FBL（Field-Based Learning）形式の3つに分類される。これらの授業からスクール生が着想した課題解決策やビジネスアイデアを「価値創造学生プロジェクト」として実施している。

（1）講義
2022年度は、以下の講義形式の授業を実施した。
価値創造の考え方　2回開講

（2）PBL

2022年度は、以下のPBL形式の授業を実施した。なお、PBL-Xは他学部・他研究科などとの共同開講科目を示す。

PBL：Creative School基礎編

PBL-X：企業社会論A

PBL-X：企業社会論B

PBL-X：シリコンバレー型起業演習

PBL-X：未来洞察＋アイデアソン

PBL-X：法と持続的開発

（3）FBL

2022年度は、以下のFBL形式の授業を実施した。なお、FBL-Xは他学部・他研究科などとの共同開講科目を示す。

FBL：未来社会とエネルギー

FBL：価値創造のための実践型FBL

FBL-X：Creative School応用編

FBL-X：神戸市課題解決型プロジェクト

（4）価値創造学生プロジェクト

2022年度に学生が主体となって実施したプロジェクトは以下の9プロジェクトであった。

未来価値創造THINK TANK

環境に優しい野菜を広めよう！プロジェクト

農業チーム

廃棄予定のお菓子を用いたフードロス削減プロジェクト

エシカル型フリーイラスト提供事業

廃棄Tシャツをアップサイクルする体験型ワークショップ

西宮ストークス様 sobolon様 共同プロジェクト

地域と工場見学班

アスリート手帳

3．V. School サロンなど

　V. School サロンを原則1つのテーマについて月2回開催し、1回目は登壇者による話題提供と議論、2回目は参加者とともに議論を行った。2022年度は前期・後期に各6テーマについて全12回開催した (表6-1-3)。また、V. School カフェ、特別講演、ワークショップも各1回開催した。

4．社会・国際活動

　価値創造に関する国際会議を共催した。また、V. School の活動について新聞に取り上げられた。

国際会議

　The 5th Global Conference on Creating Value, September 2-4, 2022

報道一覧

○2022年10月7日 日本食糧新聞

　神戸大生、ロスゼロ商品活用「お菓子のフードロスカフェ」開催

○2023年3月8日 The Asahi Shinbun SDGs ACTION

　神戸大の山本燿司さんがグランプリ　大学SDGs ACTION!

　AWARDS 2023

○2023年1・2月 神戸商工だより

　V. School紹介

V.School職名	所属	職位	氏名
スクール長	V.School	教授、副学長	玉置　久
価値創発部門長	V.School	准教授	鶴田　宏樹
価値設計部門長	V.School	教授	坂井　貴行
価値創発副部門長	経営学研究科	教授	内田　浩史
	システム情報学研究科	教授	菊池　誠
価値設計副部門長	産官学連携本部	教授	熊野　正樹
	DX・情報統括本部	教授	藤井　信忠
専任教員	V.School	准教授	祗園　景子
協力教員	都市安全研究センター	教授	飯塚　敦
	国際文化学研究科	教授	板倉　史明
	法学研究科	教授	大内　伸哉
	社会システムイノベーションセンター	教授	金子　由芳
	工学研究科	教授、副学長	喜多　隆
	経営学研究科	教授	忽那　憲治
	大学教育推進機構	准教授	黒田　千晴
	工学研究科	教授	小池　淳司
	経営学研究科	教授	國部　克彦
	大学教育推進機構	教授	近田　政博
	工学研究科	准教授	槻橋　修
	農学研究科	教授	中塚　雅也
	人文学研究科	教授	長坂　一郎
	経済経営研究所	教授	西谷　公孝
	国際文化学研究科	准教授	西田　健志
	経済経営研究所	教授	濱口　伸明
	人間発達環境学研究科	准教授	原田　和弘

表 6-1-1　V.School 教員一覧

V.School職名	所属	職位	氏名
協力教員	海事科学研究科	准教授	廣野　康平
	医学研究科	教授	福本　巧
	経営学研究科	准教授	宮尾　学
	国際文化学研究科	教授	村尾　元
	経営学研究科	准教授	森村　文一
	経済学研究科	講師	山崎　潤一
	科学技術イノベーション研究科	教授	山本　一彦
客員教員	株式会社LeaGLO	客員准教授	上田　浩史
	The Phronesis Design Studio	客員教授	小森　尚子
	株式会社Japan&India Project Design	客員教授	佐藤　正和
	株式会社パソナグループ	客員准教授	塩谷　愛
	一般社団法人コード・フォー・ジャパン	客員准教授	砂川　洋輝
	アーカス総合法律事務所	客員教授	寺田　有美子
	株式会社パソナグループ	客員教授	南部　靖之
	兵庫ベンダ工業株式会社	客員教授	本丸　勝也
	合同会社イキナセカイ	客員教授	安川　幸男
	Yazzle－Dazzle合同会社	客員教授	山川　恭弘
学術研究員	V.School	学術研究員	清水　勇吉
	V.School	学術研究員	山本　裕子

表 6-1-1　つづき

学部	2022年度新規入校者数					全スクール生数				
	1年生	2年生	3年生	4年生	合計	1年生	2年生	3年生	4年生	合計
文学部	1				1	1	2			3
国際人間科学部	8	1	3		12	8	4	7	6	25
法学部	1		1		2	1	3	1	1	6
経済学部	2			2	4	2	1	3	3	9
経営学部	8	4	5	5	22	8	7	6	20	41
理学部		1			1		1		2	3
医学部保健学科		1			1		1			1
工学部		1	5	3	9		1	7	5	13
農学部	2		1	1	4	2	1	1	2	6
海事科学部				1	1		1	1	2	4
海洋政策科学部	1				1	1				1
合計	23	8	15	12	58	23	22	26	41	112

表 6-1-2　スクール生の所属と学年の別

大学院	2022年度新規入校者数						全スクール生数					
	博士前期課程		博士後期課程			合計	博士前期課程		博士後期課程			合計
	1年生	2年生	1年生	2年生	3年生		1年生	2年生	1年生	2年生	3年生	
人文学研究科							1					1
国際文化学研究科	2	1				3	2	1				3
人間発達環境学研究科												
法学研究科												
経済学研究科											2	2
経営学研究科	2	10	1			13	2	1	1	2	3	9
理学部研究科	1					1	1					1
医学研究科												
保健学研究科								1			1	2
工学研究科							1	3				4
システム情報学研究科								2				2
農学研究科								3				3
海事科学研究科							2		1			3
国際協力研究科												
科学技術イノベーション研究科	1					1	1				1	2
合計	6	11	1			18	10	11	2	2	7	32

全スクール生数は2023年3月現在

表 6-1-2　つづき

1	価値創造教育を考える		
	鶴田宏樹	神戸大学V. School価値創発部門　部門長・准教授	
	神田陽治	北陸先端科学技術大学院大学先端科学技術研究科　教授	
	齊藤滋規	東京工業大学環境・社会理工学院　教授	
	山内　裕	京都大学経営管理大学院　教授	
	2022年5月19・26日（木）17:00-18:30　神戸大学V. Schoolルーム／オンライン		
2	音楽学と映画学という学問分野と価値～雅楽と映画から～		
	鶴田宏樹	神戸大学V. School価値創発部門　部門長・准教授	
	板倉史明	神戸大学V. School　協力教員・大学院国際文化学研究科　教授	
	寺内直子	神戸大学大学院国際文化学研究科　教授	
	2022年6月9・23日（木）17:00-18:30　神戸大学V. Schoolルーム／オンライン		
3	SDGsの時代における価値と経済的価値		
	内田浩史	神戸大学V. School価値創発部門　副部門長・大学院経営学研究科　教授	
	堂目卓生	大阪大学大学院経済学研究科　教授	
	2022年7月7・21日（木）17:00-18:30　神戸大学V. Schoolルーム／オンライン		
4	AIスマート空調から始まる社会変革と社会実装における新たな大学の役割		
	玉置　久	神戸大学V. School　スクール長・教授	
	長廣　剛	神戸大学産官学連携本部　特命教授	
	進藤宏行	神戸大学産官学連携本部　特定プロジェクト研究員	
	2022年10月20・27日（木）17:00-18:30　神戸大学V. Schoolルーム／オンライン		
5	未来社会とエネルギー		
	祇園景子	神戸大学V. School　准教授	
	西山　覚	神戸大学大学院工学研究科　教授・再生可能エネルギー社会実装研究センター　センター長	
	川浪　陽	Hawaiian Electric Industries, Inc.　Director	
	2022年11月10・24日（木）17:00-18:30　神戸大学V. Schoolルーム／オンライン		
6	社会問題の解決と多様性の理解～協力、共修、共創～		
	鶴田宏樹	神戸大学V. School価値創発部門　部門長・准教授	
	黒田千晴	神戸大学V. School　協力教員・大学教育推進機構グローバル教育センター　准教授	
	柴田明穂	神戸大学大学院国際協力研究科　教授	
	村山かなえ	神戸大学大学教育推進機構異分野共創型教育開発センター　特命講師	
	2022年12月8・22日（木）17:00-18:30　神戸大学V. Schoolルーム／オンライン		

表6-1-3　2022年度V. Schoolサロン実施要領

執筆者紹介

執筆者紹介　第1部

玉置　久（たまき・ひさし）
神戸大学 V.School　スクール長・教授

鶴田宏樹（つるた・ひろき）
神戸大学 V.School 価値創発部門　部門長・准教授

第2部

第1章第1節・第2節・第4節・第6節／第2章第3節／第4章第1節
鶴田宏樹（つるた・ひろき）
神戸大学 V.School 価値創発部門　部門長・准教授

第1章第3節／第2章第2節
内田浩史（うちだ・ひろふみ）
神戸大学 V.School 価値創発部門　副部門長・大学院経営学研究科　教授

第1章第4節
玉置　久（たまき・ひさし）
神戸大学 V.School　スクール長・教授

第1章第5節／第2章第3節／第3章
祇園景子（ぎおん・けいこ）
神戸大学 V.School　准教授

第2章第3節
渡邉るりこ（わたなべ・るりこ）
神戸大学大学院システム情報学研究科　助教

藤井信忠（ふじい・のぶただ）
神戸大学 V.School 価値設計部門　副部門長・DX統括本部　教授

秋野一幸（あきの・かずゆき）
Japan-America Institute of Management of Science　Vice President

第3章

Komori Naoko（こもり・なおこ）

神戸大学V.School　客員教授・The Phronesis Design Studio, UK　Director of Research

第4章第2節

岡島智宏（おかじま・ともひろ）

神戸大学文学部　学生

第4章第3節

北川知樹（きたがわ・ともき）

神戸大学大学院経済学研究科博士課程後期課程　学生

第4章第4節

澤岡善光（さわおか・よしみつ）

神戸大学海事科学部　学生

山本悠斗（やまもと・ゆうと）

神戸大学経済学部　学生

今岡海斗（いまおか・かいと）

神戸大学国際人間科学部　学生

所属、肩書、役職などは2023年3月現在

価値の創造を考える
2022年度 神戸大学V.Schoolの取り組みの軌跡

2024年3月29日　第1刷発行

編者　神戸大学V.School
発行　神戸大学出版会
　　　〒657-8501　神戸市灘区六甲台町2-1
　　　神戸大学附属図書館社会科学系図書館内
　　　TEL. 078-803-7315　FAX. 078-803-7320
　　　URL　https://mwww.org.kobe-u.ac.jp/kupress/

発売　神戸新聞総合出版センター
　　　〒650-0044　神戸市中央区東川崎町1-5-7
　　　TEL. 078-362-7140　FAX. 078-361-7552
　　　URL　https://kobe-yomitai.jp/

装幀・組版　近藤聡（明後日デザイン制作所）
印刷　神戸新聞総合印刷